RELATION

DE

LA VISITE DU MARQUIS DE NOINTEL

A LA GROTTE D'ANTIPAROS

(1673)

PAR

M. H. OMONT

Conservateur-adjoint du Département des Manuscrits de la Bibliothèque nationale.

Extrait du *Bulletin de Géographie historique et descriptive* n° 4, 1892.

PARIS
ERNEST LEROUX, ÉDITEUR
28, RUE BONAPARTE, 28

1893

RELATION

DE LA VISITE DU MARQUIS DE NOINTEL

A LA GROTTE D'ANTIPAROS

(1673)

RELATION
DE LA VISITE DU MARQUIS DE NOINTEL
A LA GROTTE D'ANTIPAROS
(1673)

PUBLIÉE PAR M. H. OMONT

Conservateur-adjoint du Département des Manuscrits de la Bibliothèque nationale.

Introduction.

Il existe deux descriptions différentes et contemporaines de la célèbre grotte naturelle de l'île d'Antiparos[1], visitée à la fin de l'année 1673, par le marquis de Nointel, ambassadeur de France à Constantinople. L'une de ces descriptions fut envoyée à Rome, au Père Athanase Kircher, par l'italien Cornelio Magni, qui faisait partie de la suite de l'ambassadeur; elle a été publiée presque aussitôt, en 1678, dans la 3ᵉ édition du *Mundus subterraneus* du Père Kircher[2], et réimprimée quelques années après, en 1692, par Cornelio Magni dans le second volume de son livre intitulé : *Quanto di più curioso e vago hà potuto raccorre Cornelio Magni... per la Turchia*[3]. L'autre est la relation que le marquis de Nointel envoya de Chypre à Paris peu après sa visite à la grotte d'Antiparos ; celle-ci est restée jusqu'aujourd'hui inédite[4]. Nointel avait

---

1. L'ancienne île d'Oliaros, mentionnée dans Pline, Strabon et Etienne de Byzance.
2. Troisième édition. Amsterdam, 1678, in-fol., t. 1, p. 122-131 ; le texte italien de Cornelio Magni est accompagné d'une traduction latine en regard.
3. Parme, 1692, in-12 ; 2ᵉ partie, p. 132-152.
4. Un gentilhomme français, Antoine Des Barres, qui accompagnait aussi le marquis de Nointel, résume en quelques pages sa visite de la grotte d'Antiparos avec l'ambassadeur, dans son *Estat présent de l'Archipel* (Paris, 1678, in-12), 1ʳᵉ partie, p. 152-157. — Antoine Galland qui faisait également partie de la suite de Nointel, mentionne brièvement la grotte d'Antiparos dans un « Mémoire des antiquités qui restent encore de notre temps dans l'Archipel et dans la Grèce », publié par M. Ch. Schefer à la suite du *Journal d'Antoine Galland* (Paris, 1881, in-8°), t. II, p. 210.

commencé à rédiger cette relation, il nous le dit à la fin de son récit, dès son retour à Naxos, le 31 décembre 1673, et l'avait achevée, peu après avoir quitté Rhodes, dans le golfe de Satalie, où le mauvais temps l'avait forcé de relâcher. Arrivé à Chypre le 15 février 1674, au soir, il écrivait trois jours après, de Lernica, le 19, au ministre des Affaires étrangères, Arnauld de Pomponne, une lettre qui nous a été conservée[1] et que sa *Relation du voyage de la grotte de l'isle d'Antiparos* devait accompagner. L'original de cette relation est perdu ; mais Nointel, de même que pour sa correspondance ordinaire, avait eu soin d'en faire copier par son secrétaire un duplicata qui nous a été conservé. C'est aujourd'hui le ms. français 5391 des nouvelles acquisitions de la Bibliothèque nationale et le texte en est publié plus loin[2].

Depuis le marquis de Nointel, de nombreux voyageurs ont visité et décrit la grotte d'Antiparos. Il suffit de rappeler que l'un des premiers fut Tournefort, qui aborda en 1700 à Antiparos, et qu'on trouvera dans sa *Relation*[3], en quelques pages, une description exacte et scientifique de cette grotte naturelle. A la fin du XVIIIe siècle, Choiseul-Gouffier aussi la visita et en a longuement parlé dans son *Voyage*[4].

Deux dessins, l'un de l'entrée de la grotte d'Antiparos, l'autre de l'intérieur de la grotte, avec des représentations de l'autel qu'y fit élever M. de Nointel, du festin qu'il y donna, de sa chambre à coucher, etc., accompagnent la relation dont nous publions le texte et sont reproduits ici[5]. On pourra les comparer avec des dessins de la même grotte qui ont été conservés dans le *Portulan de la mer Méditerranée* de Barras de Lapenne[6], ainsi qu'avec

1. Archives des Affaires étrangères, Correspondance, Turquie, vol. 12, fol. 8.
2. C'est un petit cahier de 36 feuillets de papier in-folio ; on a relié à la suite quelques dessins qui ont servi à la gravure des planches qui accompagnent la *Relation* du voyage de Tournefort, publiée en 1717.
3. *Relation d'un voyage du Levant fait par ordre du Roy* (Paris, 1717, in-4°), t. I, p. 187-194. L'inscription grecque, qui a été gravée à l'entrée de la grotte, a été reproduite dans le *Corpus inscriptionum graecarum* (n° 2399), d'après la copie de Tournefort.
4. *Voyage pittoresque dans l'Empire ottoman*, 2e édition (Paris, 1842, in-8°) t. I, p. 115-125, et atlas (in-fol.), planches 36-38.
5. Fol. 25 et 26 du ms. nouv. acq. franç. 5391. Reproduction réduite au quart environ ; les dessins originaux mesurent l'un 33 sur 45 centimètres, et l'autre 38 sur 53 centimètres. Ce dernier dessin est une esquisse au crayon.
6. Tome III, fol. 91-96, ms. français 6173. Il semble que ces deux planches

les planches gravées de la *Relation* de Tournefort et du *Voyage* de Choiseul-Gouffier[1].

RELATION DU VOYAGE
DE LA GROTTE DE L'ISLE D'ANTIPAROS.

L'on peut croire que le silence qui a esté gardé jusques à présent sur une des plus grandes merveilles, qui peut estre soit dans le monde, provienne de l'impuissance que l'on a trouvé à la publier suffisamment. C'est d'une rotte dont je veux parler, laquelle relève l'isle d'Antiparos par-dessus les plus considérables de l'Archipel, autant qu'elle leur est inférieure par son circuit, qui n'est que de dix-huit mils, par son plus large, qui n'en a que huit, par le petit nombre de ses habitans, qui ne sont que trois cent, et par son tribut qui ne monte qu'à neuf cent dix huit-piastres. C'est ce que le Capitan-pacha en tire au nom du Grand Seigneur avec bien de la peine; le peu de monde qui l'habitte et dont la désertion augmente tous les jours, empeschant que l'on ne puisse proffiter autant qu'il se pourroit de la bonté de son terroir en vins, en grains, et de la beauté de sa situation, dont les plaines, les salines, les arbrisseaux de mastic sauvage et d'axaria, et les fleurs meslées avec des marbres, qui paroissent taillez en terrasse, forment une diversité charmante, que les montagnes, qui ne sont pas trop rudes, ne diminuent point. Si nonobstant tous ces avantages et le canal qui sépare cette isle de celle de Paros et qui dans l'estendue d'environ six milles, et la largeur d'un et demy, peut servir de port, il arrive qu'elle se déserte entièrement; on pourra dire que la nature ne sera pas faschée que les incursions des corsaires chrestiens et l'injustice des Turcs, qui recueillent toujours le mesme revenu, sans aucun égard aux sujects de dimi-

(fol. 94 et 96) soient des copies des dessins qui accompagnent la relation de Nointel.

1. Il suffit de citer pour mémoire la planche 7 des *Iles de la Grèce* de L. Lacroix, dans l'*Univers pittoresque* (Paris, 1853, in-8°); cf. p. 470-471. A cette date la grotte d'Antiparos appartenait à M. Piscatory: elle lui avait été donnée alors qu'il était ministre de France en Grèce.

nution, y ayent contribué. Car alors cette puissante ouvrière pourra légitimement en estre estimée la seulle maitresse, et s'y faire admirer uniquement par les ouvrages qu'elle y produit d'une manière si admirable, qu'ils peuvent donner de l'envie aux païs les plus enrichis des inventions de l'art, estant difficile d'en expliquer au juste touttes les singularitez. Je croiray avoir fait beaucoup si je puis représenter l'impression qu'un si beau spectacle a fait en général sur mon esprit, taschant néantmoins d'entrer dans le détail le plus qu'il me sera possible.

L'entrée de cette grotte suffiroit toutte seulle pour s'attirer la juste admiration de tous ses spectateurs. Elle est située proche d'une des extremitez de l'isle et séparée du haut de la montagne par une voutte naturelle de la largeur de quarante pas, dont le roc paroist tout d'une pièce, mais si bien disposé, qu'estant plus eslevé dans le milieu, où sa hauteur peut estre de soixante et dix pieds, il continue en baissant des deux costez jusques à terre avec une proportion qui n'est pas moins belle que si on l'avoit estudiée avec le marteau. Sa profondeur est divisée par deux terrains, dont l'inégalité fait que le premier, qui est plus eslevé, peut estre nommé une terrasse, laquelle est soustenue par le roc dans une figure inégale, qui n'occuppe pas toutte la largeur de la voutte, laissant un chemin sur la droitte en entrant par lequel on descend au terrain qui luy est inférieur. L'un et l'autre sont enrichis de leurs ornemens et l'on peut dire qu'une place assez raisonnablement grande, qui est en face, et hors de la voutte, et de plain pied au terrain supérieur se trouve en cet endroit pour avoir la veüe de la campagne, diversifiée de vallons, de collines, de fleurs, de la mer et des isles voisines, auxquels, lorsque l'on tourne le dos, l'on voit d'un costé de la place des enfoncemens pratiquez les uns sur les autres dans des rochers, et, le long de la terrasse, vers son extremité, il y a deux pièces eslevées de terre jusques auprès de la voutte, à laquelle il semble qu'elles veullent rendre hommage de leurs productions qu'elles doivent aux eaux congelées qu'elles ont receu de sa libéralité.

L'un de ces ouvrages estant regardé dans un certain aspect paroist un colosse ou un géant, et cette ressemblance est soustenue non seulement par sa hauteur mais encore par la distinction d'une teste accompagnée de toutes ses parties et appuyée sur les principales du reste du corps.

L'autre est une colonne presque canclée, que sept hommes

n'entourcroient pas, qui est fort égale et mérite bien le nom que je lui ay donné. C'est au-dessous, un peu à costé néanmoins, et à hauteur d'homme, que l'on lit en grec littéral cette inscription traduitte ainsy en latin : Critonis isti venerunt: Menander, Socharmus, Menecrates, Antipater, Hyppomedon, Aristeade, Phileas, Gorgus, Diogenes, Philocrates, Onesimus[1]. Ils se sont contentez de marquer ainsy leur arrivée en ce lieu, et apparament ils ont esté tellement surpris de sa beauté qu'ils ont oublié d'y adjouter l'année qu'ils l'ont admirée ou quelque chose qui y suppléa, si ce n'est qu'ils ayent crû que leurs seuls noms suffisoient pour cela. J'en laisse la critique aux sçavans dans l'histoire pour continuer la description de ce fameux portique de la nature.

Toute sa profondeur, tant haute que basse, qui peut estre de soixante pas, laisse voir dans sa voute et dans ses costez, à droite et à gauche, et dans sa muraille qui est en face, des bois de cyprès des chemins, des montagnes, des esloignemens, des bastimens, des testes de bœufs, telles que l'on figure aux hostels, et vases des sacrifices, des lions et des hommes et le tout y est si bien disposé, quoyque sans symétrie, et avec tant de diversitez, qu'il semble que le monde y soit en abregé. Les couleurs mesme n'y manquent pas, car l'on y voit du vert de mousse, du blanc, du noir, de l'obscur, du clair, du bleuastre, et, quoyque l'espace qui contient tous ces ouvrages soit très grand, tant par son eslévation que sa profondeur, ses recoins et ses enfoncemens, l'on découvre encore sur le haut, une ouverture, qui non seulement sert de perspective, ayant l'apparence d'une fenestre d'un palais, mais qui communique encore, à ceux qui sont montez dix ou douze pas, l'entrée dans une grande salle. Tous les rochers et pierres, qui composent cette architecture naturelle proviennent de congélations, dont en ayant fait casser de très gros morceaux, j'ay trouvé qu'ils estoient tranparens comme du cristal de roche, mais jaune, et quoyqu'ils soient difficiles à rompre et à diviser en grosses pièces et paroissent avoir de la dureté, je ne crois pas néanmoins que l'on en puisse rien travailler, parce qu'on les réduiroit en parties trop menues. Le dessus, qui paroist inégal et noirastre à cause de l'exposition à l'air, est glissant, et fait encore bien connoistre par là d'où il tire sa production, que je pense pouvoir estre

---

[1]. Le texte de cette inscription grecque est reproduit, d'après Tournefort, dans le *Corpus inscriptionum graecarum*, n° 2399.

attribuée totalement aux eaux qui tombent de la voûte, et non à la terre qui les reçoit. L'on peut aussy estre asseuré que ce n'est pas un accroissement sur une roche ordinaire, de laquelle il auroit parû quelque chose dans la rupture et la division qui en a esté faite, mais une composition congelée du total qui s'y distingue uniquement. Je n'ay apperçeu que deux ou trois endroits où il tomba encore de l'eau, laquelle distillant par goutte, chascune n'est pas plustost tombée qu'elle commence à se transformer ; la transformation qui s'en fait prenant la figure du hazard de la chutte, laquelle se faisant l'une sur l'autre et se repliquant dans un certain espace esgal, produit des eslévations en colonnes ou autrement, comme des ronds et d'autres formes lorsqu'elle se respend inégalement. Ainsy il faut que l'eau qui fait ces productions contienne en soy des qualités coagulantes, ce qui ne se distingue pas néanmoins par le goust, car en ayant fait amasser dans une tasse, je l'ay trouvée fraische, claire et légère. Il est vray, toutefois, qu'encore qu'elle tombast de la voûte, elle ne produisoit rien à l'endroit où elle tomboit, soit que le grand penchant, ou quelque autre raison l'en empescha.

Je voudrois que le temps, et une grande intelligence m'eussent rendu capable de faire des observations plus justes, mais telles qu'elles sont, je les soumets à la réforme de ceux qui, estant bons physiciens, sçavent mieux pénétrer que je ne sçaurois jamais faire dans les secrets de la nature, et je m'estimeray heureux si, par une déduction véritable, je puis les attirer à l'admiration, car alors j'auray une preuve constante que ma surprise et mon estonnement causez par l'inspection de tant de merveilles ont un légitime fondement. Je n'heziteray pas de dire, en attendant leur approbation, que, si la nature a manqué en quelque chose pour la perfection du portique, que j'ay descript très imparfaitement, c'est qu'il n'est pas assez beau, tombant dans le mesme défaut que celuy de Saint-Pierre de Rome, qui ne respond pas à la beauté de son église, et l'on ne peut en disconvenir quand l'on se trouve dans cette admirable grotte. L'entrée s'y communique par le terrain inférieur du portique, et le frontispice de sa porte estant couvert de congellations inégales, en formes de draperies et de colonnes, laisse voir une architecture extraordinaire qui donne du plaisir à ceux qui la considèrent avec attention. La peine que l'on prend en se baissant pour en avoir le passage libre n'est pas considérable et l'on ne regrette point celle qu'il faut avoir en continuant son chemin, car, encore que l'on y ait la liberté de sa personne, par l'eslévation surprenante des voûtes, le penchant sur lequel il faut marcher m'auroit fait rouler dans un abîme, si un câble attaché à l'entrée, et qui retournoit bien bas sur la droite, où il estoit encore lié, ne m'eût donné moyen de franchir ce péril, en me joignant à la roche, d'où je découvrois l'estendue du précipice ; deux personnes devant moy, et deux après se tenant à la mesme corde ne me donnoient pas peu de secours. Mais toute cette fatigue, causée par une descente assez longue, et la nécessité de grimper ensuite sur des rochers escarpez, estoit entièrement effacée par les poses que je fis dans cette route. Je trouvay moyen d'entrer dans un lieu comme desrobé, et qui est à costé ; la blancheur et la diversité des ouvrages qui pendent à son dosme fort eslevé, et une colonne congelée posée sur son terrain et qui a son piedestal composé de petits cyprès, les uns sur les autres, et dont les branches jointes ensemble par le haut forment de petites arcades, seroient dignes d'occuper l'admiration des plus curieux. Mais, si l'on joint à cette beauté naturelle celle de la perspective, par la distinction de plusieurs fonds de la grotte que l'on découvre de cette eslévation, qui est comme en terrasse, l'on avouera qu'il y a du miracle dans toutes ces productions.

L'endroit où je me suis reposé la seconde fois, estant bien au-dessous du premier, ne laissoit pas d'avoir encore l'avantage de la belle veue ; car, sans entrer dans le destail des draperies, des paniers de fleurs, des culs de lampes, qui pendent à ses arcades et à ses piliers, de ces destours, enfoncemens et retours, qui excellent tous dans la singularité de leurs ornemens par leur blancheur et leur arrangement, il faut avouer que la découverte de plusieurs vallons à droite, à gauche et en face, qui ne se distinguoient pas d'en haut, d'un grand nombre de pilastres, colonnes et figures, dont quelques-unes paroissent des hommes, d'autres une femme, qui tient un enfant entre ses bras, estoient des objects si attirans, que je n'hésitay pas à préférer la satisfaction de ma curiosité à la peine d'y descendre. Le câble, qui continuoit et qui pouvoit desjà avoir fourny vingt brasses, m'ayant facilité le moyen de glisser assis sur une roche l'espace de huit à dix pas, je me trouvay sur le haut d'un précipice dont la cheute estoit entièrement esgalle, parce que le rocher qui l'escarpoit estoit tout à fait uny. L'on y auroit bien descendu avec la corde toute seule, en la manière que l'on descend du haut d'un mast, mais plus difficilement, ce qui fit que l'on y attacha une eschelle, qui, n'ayant quasi point d'assiette, je ne laissay pas d'en tirer un grand secours, par le moyen de ses douze eschelons, qui me conduisirent à un terrain de roc. M'en estant un peu escarté sur la droite, j'y retournay plein d'admiration des galeries et enfoncemens pratiquez et ornez par la nature sous les eslevations que j'ay représenté, et qui toutes seules peuvent effacer par leur profondeur, hauteur, basses voutes, bizarreries et singularitez de leurs ouvrages, ce que l'art a inventé dans les grottes les plus superbes. Toutes ces raretez ainsy dérobées dans des situations à l'escart et comme hors d'œuvre, me persuadant aisément, outre ce que j'avois desjà veu d'en haut, que je trouverois en avançant quelque spectacle admirable, auquel tous les particuliers, que j'ay desjà descrit serviroient pour ainsy dire de prélude et de point de veue, je quittay le bas de l'eschelle et, me tenant à la corde pour suppléer au chemin que les rochers en pointe, en rond et en autres figures me refusoient, j'arrivay sur une terre qui, respectivement à ce que j'avois franchy, peut estre estimée égale et unie, mais qui estoit très peu spacieuse. D'un costé je voyois une montagne de sable mouvant, qui occupoit une largeur et hauteur considérable, de l'autre j'en apercevois une moindre, qui peut estre nommée un vallon haut et bas, qui estoit remply de grosses roches de congelations, sur lesquelles il y avoit des colonnes achevées, d'autres commencées, des bustes, des manières de bornes, rondes par en haut et ornées singulièrement; les entre deux de tous ces spectacles, consistant en enfoncemens, en architecture, en esloignemens et en des forest, ravissoient mon attention. Enfin tout l'horizon qui bornoit tous mes points de veüe estoit tellement diversifié, que j'avois de la peine à sçavoir où me fixer, et mon incertitude n'estoit pas peu fortifiée par les cris de tous ceux qui, s'estant avancez devant, m'appeloient pour prendre part de plus prez à leur victoire. Les uns estoient sur des manières de bastions, les autres sur des terrasses; plusieurs me paroissoient dans un abisme, et il y en avoit sur des pointes de rochers. C'estoit autant de gens détachez, qui, ayant gagné chacun quelque poste, le feu à la main, ce n'estoit point dans l'intention d'y porter l'embrasement, mais seulement de vaincre les ténèbres, dont la nature s'estoit couvert depuis tant de siècles pour produire tant de merveilles. Mais elle sembloit les vouloir encore desrober à ma curiosité, si ce n'est pour le total, au moins pour leurs principales parties, l'estendue du lieu où elle a travaillé estant si vaste, par la prodigieuse eslévation et largeur de ses voutes et si diversifié par une si grande quantité d'ouvrages, que cinquante personnes, qui portaient chacune plusieurs lumières, et qui s'estoient dispersées en différens endroits, ne communiquoient que très imparfaitement la veüe de ce qu'elles approchoient, laissant une partie du reste dans une obscurité un peu esclairée, qui faisoit regretter ce qui ne se voyoit qu'à demy et conjecturer ce qui se pouroit voir avec un jour suffisant.

M'estant déterminé au choix d'une route sans exclusion des autres, j'avançay sur des rochers, dont la disposition inégale leur faisant tenir de la plaine, de la montagne et du vallon, cette variété de terrain, si incommode qu'elle fust, ne me causoit aucun regret, car avec un peu de précaution pour ne pas tomber dans certains entre-deux des roches, qui ne se joignent pas toutes esgalement, et ayant une personne qui me donnoit la main, je marchois fort lentement, et je songeois en considérant tous les objects supérieurs, inférieurs et collatéraux que je pouvois bien m'appliquer, aussy bien qu'au chemin que je faisois, le vers qui dit :

Minus est gravis Appia tardis[1].

La grandeur de chascune des roches, sur lesquelles je marchois, auroit pu fournir à plusieurs pavez de cette fameuse voye romaine ; leur situation inégale, les fleurs congelées dont elles sont presque toutes couvertes, les colonnes miliaires de congélations, qui y sont disposées d'espace en espace, les cintres et demi-voûtes qui sont à leurs environs, la blancheur de la maîtresse voûte, son exaucement, les coquillages, draperies et autres singularitez qui y pendent, me sembloient capables d'effacer les plus belles sépultures et autres monumens de ces anciens maistres du monde, et, si ceux-cy avoient pu résister à l'injure du temps, aussy bien que ces belles productions souterraines, je crois qu'assurément ils en seroient effacez. Cette comparaison m'a fait entrer dans une réflexion sur la vanité des hommes, qui continuent toujours leurs ouvrages pour durer si peu, quoy qu'ils paroissent les fortifier par la dureté des marbres, leur situation, et toutes les inventions de leurs esprits, pendant que la nature avec un peu d'eau et dans un poste si inégal forme en terre, en l'air, en travers et de costé des chefs-d'œuvre

---

1. Horat., *Satir.*, I, v, 6.

qui, ayant commencé avec le monde, semblent ne devoir finir qu'avec luy. Ce que j'en ay descrit n'estant rien en comparaison de ce qui me reste, je feray mes efforts pour en donner quelque idée qui en approche.

Estant excité par la voix d'une personne, qui m'appeloit avec instance et qu'à peine je pouvois distinguer à cause de l'esloignement, je me déterminay de passer au haut d'une montagne, qui est celle de sable mouvant, dont j'ay desja parlé, affin que, m'appuyant le long des rochers, je pusse marcher plus facilement et que, par ma retraite dans leurs concavitez, il me fût aisé d'éviter le choc des pierres, que la marche de ceux qui venoient d'en haut faisoit rouler avec impétuosité et grand bruit. Je passay sans risque jusques au sommet, et estant descendu de mesme, mais par l'autre costé, qui est vis-à-vis, je traversay une espace de rochers, dont quelques uns estant plus hauts que les autres me facilitèrent l'entrée sur une terrasse qui m'a paru un lieu d'enchantement. Sa longueur d'environ vingt pas, sa largeur de douze, sa hauteur de huit à dix et son terrain de congélations donnoient moyen de descouvrir des prodiges de tous costez. J'aperçeus en face, en y entrant, une autre eslevation enfoncée, qui, estant toute congelée, communiquoit à la première par deux nappes d'eau que la congélation avoit fixé en forme de globes à double estage avançant fort en dehors et liez les uns aux autres mais inégalement; ils servent, dans la hauteur de quatre ou cinq pieds, à monter en glissant, si l'on ne se tient bien, sur la surface de cette seconde terrasse, qui, pouvant estre profonde d'une toise et un peu plus longue, esclate fort par la blancheur et la mignature des ajustemens en coquillages, culs-de-lampes et petites colonnes, qui pendent au dosme qui la couvre en particulier. Un peu au-dessous et dans le fond, l'on distingue des deux costez des recoins de la hauteur et largeur d'un pied, couverts à part de leurs petits cintres, dont les esloignemens et les points de veüe fort diversifiez enchérissent encore sur les autres par un travail plus exact et plus délié, que la nature paroist avoir voulu porportionner au lieu qui le contient. Elle a encore en quelque sorte gardé les proportions à l'égard de la grande voûte et du terrain qui servent à toute la grotte, et, pour en estre instruit, il faut observer que la hauteur et le grand espace de la première demandant des ornemens différens, en abondance, et d'une grandeur considérable, elle y a satisfait suffisamment, et comme il semble qu'elles les ait tous disposez pour la beauté des deux terrasses que j'ai descrit, je ne sortiray point de ce poste pour en continuer la description.

Lorsque l'on a tourné le dos aux nappes d'eau et que l'on jette ses yeux sur la gauche, l'on descouvre une forme de pilastre, qui tient à la voûte et à terre, qui, estant vuide en dedans, y forme un cabinet, où deux ou trois personnes se peuvent coucher, et dans lequel on entre par une ouverture, où la congélation ayant manqué, il semble que çà esté exprès pour en communiquer l'entrée. La figure extérieure est par ondes larges d'un demy pied, la couleur est d'un blanc éclatant, et la matière transparente et lisse, et l'un et l'autre est commun à toutes les autres pièces. Celles qui suivent et vont en biaisant et en retournant, consistent dans un espèce de balcon pratiqué un peu au-dessous par une ouverture dans des rochers, qui fait voir une partie du fond de la grotte comme un abisme, dont les roches ornées des byzarreries des congélations, forment un aspect surprenant en de petits promontoires qui retournent quasi au niveau de la première terrasse, mais qui sont un peu plus eslevez et sur lesquels des bornes de demy hauteur d'homme, et d'autres un peu moins, plantées inégalement sur de grosses pierres, et semées sur la teste de morceaux de choux fleurs, forment des postes particuliers, où l'on peut estudier assis et appuyé toutes les merveilles de ce lieu et y descouvrir toujours de la nouveauté, quelque temps que l'on y demeure. La veüe qui s'estend ensuite jusques à la muraille, en continuant sur la gauche, et après l'avoir repris depuis la terrasse, trouve une merveilleuse satisfaction à distinguer les extraordinaires congélations qui pendent à la grande voûte, car outre le pilastre, dont j'ay parlé, l'on voit descendre des draperies redoublées les unes sur les autres, qui sont hautes pour le moins de quatre ou cinq toises, et larges d'une et demy, dont les plis ont plus d'un pied de largeur. Il y en a de différentes grandeurs, rangées de suite mais inégalement et diversifiées d'espèces de culs-de-lampes et de tuyaux ouverts par le bout comme une plume taillée pour escrire, dont les hauteurs sont aussy inégales, s'en trouvant qui ressemblent à des orgues les plus grandes, et d'autres aux plus petites. L'on considère avec plaisir leurs arrangemens, qui, formant une manière de bordure le long de cette grande voute, la divisent en quelque sorte, en commençant à l'endroit où elle décline, et bien au-dessus du plafond de la seconde terrasse, et retournant dans une espèce de cintre jusques à la muraille qui soustient un des costez de la grotte, ce qui est l'espace que j'ai desjà désigné. C'est de là que remontant dans une figure de demy cercle jusques à l'eschelle, dont j'ay fait mention, et par où je suis descendu, l'on continue d'admirer cette ceinture si prodigieuse par les chuttes, la diversité, la blancheur et l'abondance de ses ornemens qui, paroissant vouloir tomber et demeurant toujours suspendus, ne causent point de crainte à ceux qui les regardent en renversant leurs testes, ou parce qu'ils sont enchantez d'un si merveilleux aspect, ou parce que la nature estant très puissante, sçait lier et soutenir plus solidement ses ouvrages avec un peu d'eau, si grands et si massifs qu'ils puissent estre, que l'art ne sçauroit faire les siens avec le fer et les appuis les plus matériels.

Cette confusion de merveilles, qui pendent en l'air, est secondée par les points de veüe qui sont au-dessous, car les rochers qui y forment une partie de la muraille après l'entre-deux qu'il faut laisser sur la gauche pour la gagner et par lequel on descend au bas de la grotte, ne régnant que jusques à une toise de hauteur, laissent voir dans sa largeur de plus de quinze, la profondeur de trois ou quatre et l'exhaussement de plus de trente, un enfoncement remply de pièces de congélations supérieures les unes aux autres, et disposées sur les différens terrains d'où la nature les a eslevé avec la proportion des esloignements et la diversité des représentations, dont la blancheur, la transparence contribuent fort à la beauté des colonnes, des manières de statues, des petites grottes particulières, et des chemins que l'on y distingue. L'espace qui est contigu à ce riche enfoncement ne luy cède en rien. Il est orné en partie de roches congelées, liées différemment les unes aux autres et d'arcades, qui paroissent n'avoir que leur demy cintre, et qui communiquent des suites de veües admirables, dans des salles, des galleries et des recoins, où il semble que la nature ait voulu se délasser de ses grands ouvrages par d'autres plus desliez. Elle a encore travaillé au-dessus dans des passages et dans des retours diversifiez par leurs figures, soutenus par des colonnes et dont la pluspart ont leurs dosmes particuliers, dont les extrémitez de quelques-uns approchans de la grande voûte en sont séparez, non seulement parce qu'elles sont bien plus basses, mais encore par l'admirable ceinture ou frise d'ornemens qui y pendent. C'est ainsy qu'en faisant remonter la veüe, sans aucune peine des jambes ny du corps et avec une merveilleuse satisfaction de l'esprit, l'on arrive, en retournant environ trente pas, sur l'ouverture ou balcon de l'eschelle, et qu'après avoir passé le coude qu'il forme en cet endroit et gagné trois toises de la montagne de sable mouvant, l'on aperçoit son sommet, qui, se terminant en pointe, l'on distingue au delà une muraille escarpée comme d'une terrasse, à la beauté de laquelle les congélations ont aussy travaillé puissamment. L'on voit quasi dans son milieu des tuyaux congelez, disposez en deux estages, dont les supérieurs estant plus enfoncés, plus hauts et dans un plus grand espace que les inférieurs, et ayant tous, outre leur blancheur argentine et leurs qualités sonores, des ouvertures qui les traversent au-dessus de la taille, qui est en forme de plume à escrire, ils ne leur manque que les soufflets pour y former la mélodie des orgues, se trouvant autour des enfoncemens et des concavitéz bien proportionnées, qui pourroient servir de retraite aux organistes. Ces orgues, estant presque vis-à-vis le milieu de la terrasse basse, d'où j'ay commencé ma description, fixeront son costé gauche, que je me suis efforcé de descrire au juste et lequel estant plus spacieux que l'autre, au moyen de ce qu'il forme un plus grand retour, luy doit pourtant céder à cause des plus grandes richesses et prodigieuses singularités par lesquelles la nature paroist l'avoir favorisé davantage.

Lorsque l'on tourne sa veüe sur le costé droit de la terrasse l'on trouve de quoy l'occuper longtemps par l'observation d'un pavillon qui est parfaitement rond et dont le circuit pourroit à peine estre enfermé par huit hommes les bras estendus. Sa hauteur ne semble pas moindre de cinq toises et sa composition, que l'ont peut croire toute d'une pièce, est diversifiée par des ondes ou des plis, qui, régnant du haut en bas, se redoublent en tournant les uns sur les autres et sont larges d'un pied et plus.

La teste ou le haut de cet ouvrage ne s'esloigne en rien de la parfaite ressemblance d'un dosme, qui dans son milieu laisse voir un gros tissu de soye blanche, qui pouvant estre haut de deux pieds ne laisse pas de suffire à joindre ce pavillon ou cintre, qui en cet endroit est au-dessous de la grande voûte et la distingue d'une autre qui luy est inférieure et qui a esté pratiquée dans un enfoncement. Quoyque les congélations ondoyées ou pliées, qui composent cette merveille, joignent presque toutes au terrain qui est quasi contigu à celuy de la terrasse et qu'aynsy le poids en soit moins grand, l'on ne doit pas pour cela cesser son admiration de ce qu'une si grande machine ait un soutien si faible en apparence, car, outre quelques plis congelés, qui ne descendant pas jusques à terre, en communiquent l'entrée, et qui par conséquent sont entièrement soustenus d'en haut, l'on voit que son espace intérieur est tout plein de congélations par ondes geminées et triplées les unes sur les autres en différentes manières, et qui, estant différamment larges, ont aussy une hauteur différente, et ont toutes cela de commun que, n'estant pas appuyées sur la terre, elles augmentent la pesanteur de ce pavillon si fortement, que, si l'on ne pensoit que la jonction, qui les presse mutuellement et les attache ensemble par un lien réciproque, contribue beaucoup à les soutenir, on ne pourroit pas concevoir comment ce qui attache cette pièce à la voûte, paroissant si faible, pourroit y suffire. Lorsqu'estant dedans accroupy ou couché, l'on regarde cette variété et inégalité des plis, dont les extrémités forment une surface en l'air ondoyée et en forme de ciel, l'on doit avouer que ces productions sont aussy admirables que difficiles à descrire, de quelle façon que l'on les regarde.

Celle qui suit et se trouve entièrement située sur la terrasse m'a parue si singulière et surprenante que je ne crois pas qu'il y ait une dénomination qui suffise à la bien marquer, ny des termes pour en imprimer une idée convenable. Plusieurs roches disposées en talu, en rond, et en quarré, et dont les figures sont très bien meslées luy servent comme de base dans la largeur de huit ou neuf pieds et la hauteur de douze et treize, et c'est de son sommet, qui monte en s'estraicissant, que l'on voit s'eslever une pyramide, ou un tabernacle en forme pyramidale, dont l'eslévation peut bien estre de trois toises. Son tour est inégal, estant plus grand dans son commancement, et vers le milieu, que dans les autres endroits, et principalement qu'à son extrémité, où se trouvant bien moindre que dans tout le reste, cette admirable pièce se termine par un rond comme ovalique, qui excédant un peu en pointe, la fait finir d'une manière qui paroist bien proportionnée. L'ornement, qui, régnant tout de son long l'environne d'un bout à l'autre, est distingué en plusieurs rangs supérieurs les uns aux autres, lesquels s'ils semblent se départir d'une figure absolument ronde, s'enfonçant un peu dans le milieu qui est en face, et s'estendant sur les costés en s'arrondissant, c'est pour avoir une disposition mieux ordonnée; la jonction néanmoins de ceux d'en haut à ceux d'en bas se fait par un petit glacis, qui va en montant et qui, n'ayant pas plus d'un demy pied de large, a une rondeur assez parfaite. C'est ce qui divise les petits bois de cyprès et de sapins, qui, devant uniquement leur production et accroissement à l'arrosement de quelques gouttes d'eau respandues par la nature aux pieds des rangs de cette pyramide et à l'extremité des petits glacis qui les séparent, luy sont encore redevables du bel ordre dans lequel ils sont disposés; une partie de leurs racines, leurs tiges et leurs branches se distinguent de telle manière, en se redoublant et triplant en quelques endroits les uns sur les autres, et vis-à-vis, mais dans une hauteur inégale et simetriée, et sans réciproquement rien cacher de leur arrangement, qui puisse empescher l'effet de la perspective, qu'il semble que l'on voit, en esloignement, des berceaux, des allées et des commencemens de bois et de forets. Les rangs qui en sont entourez peuvent avoir pour la pluspart environ trois pieds de haut et cinq ou six de circuit, et il s'en faut une toise que le dernier ne touche au cintre dont j'ay fait mention, et duquel a coulé l'eau, qui a fourny la matière et la disposition de cette extraordinaire pyramide. Ce qui est de plus admirable, c'est qu'en mesme temps que la nature l'a formée de bas en haut, il semble qu'elle soit tombée dans la crainte qu'on ne l'accusât d'avoir eu besoin de la terre, pour l'appuy de cet ouvrage, et que pour s'en exempter, outre toutes ces productions qu'elle a estalé en l'air, elle ait voulu qu'il en parût une au-dessus du dernier rang de ce tabernacle pyramidal, qui approchast de sa pointe environ un pied et demy. C'est une forme de tuyau d'orgues qui descend du cintre, où il est attaché, et peut avoir quasi deux pieds de rondeur dans son plus épais, d'où il continue en diminuant jusques à son extrémité, dans la longueur environ une toise. Il est accompagné de plusieurs autres pièces qui luy ressemblent, à l'exception qu'elles sont et moins grandes et moins grosses, estant de plus inégales entre elles, et elles règnent jusques à luy et au delà, fort pressées les unes contre les autres, depuis l'endroit où est attaché le cordon du gros pavillon. L'on voit au-dessous et des deux costés du tabernacle des eslévations qui rendent son aspect bien plus beau, et, pour en avoir une juste idée, il faut remarquer que les rochers qui luy servent de base, dans l'endroit qu'ils s'eslèvent le plus haut, forment encore un peu plus bas, et dans la largeur, que je leur ay donnée, et peut-estre davantage, de petits promontoires si bien disposés qu'ils sont entièrement desmelés les uns des autres. Leur hauteur et leur disposition est différente, n'y en ayant que deux à droite, et trois ou quatre à gauche; mais ils sont rangés quasi de suite, et la congélation a formé sur leurs éminances des espèces de colonnes arrondies par en haut, ou, pour mieux dire, des manières de bornes dont les unes peuvent arriver au commancement du premier rang du tabernacle, et d'autres plus et moins haut, dans la hauteur de deux, trois et quatre pieds, et le tour d'un et demy. Je crois qu'il y en a une toute unie, mais blanche et luisante comme du marbre bien poly; mais pour les autres, elles sont toutes couvertes et semées de morceaux de choux-fleurs avec la queue, un peu séparés les uns des autres, et de la manière qu'on les coupe pour les manger, mais si ressemblans qu'il y en a de jaunastres et d'autres blancs, et quelques-uns tachetés de quelques petits points noirs, ce qui esgale absolument les deux couleurs que leur communique la sauce au beurre, aussy bien que le poivre dont on a coustume de l'assaisonner.

La veüe ne quitteroit point ces objets si surprenans, si ceux qui suivent ne l'engageoient aussy à leur examen, et ne la faisoient descendre et remonter suivant la variété de leurs situations. Elle découvre après la descente de la terrasse, sur des roches qui sont semées en cet endroit, et dans la longueur de deux toises, une colonne et quatre ou cinq bornes, lesquelles, ayant plus que la hauteur d'un homme, sont eslevées de suite dans une certaine distance, ornées de choux-fleurs, de la façon que j'ai desjà remarquée, et placées en deçà et au-dessous du niveau du tabernacle. C'est environ douze pas derrière ces cinq pièces que la nature a travaillé puissamment, car l'enfoncement qu'elle a choisy, ou qu'elle s'est peut-être fait, pour y respandre ses ouvrages, est autant admirable par sa grandeur que par la profusion aussy riche que bien ordonnée, dont elle l'a remply. Sa hauteur peut bien estre de soixante et dix pieds ou quatre vingt, depuis le bas jusques au haut du cintre, justement au point où il s'eslève davantage, qui est dans son milieu, et sa largeur, en la prenant de derrière le tabernacle où elle commance, sera peu moindre de dix toises; tout cet espace, estant profond inégallement, et ayant pour moins dix-huit pieds dans sa plus grande profondeur, s'estend en figure de ligne transversale de bas en haut, dont le commancement, estant fixé à celuy de la largeur, finit au coin qui lui est opposé et pour lequel il semble en quelque sorte que la nature ait voulu disposer un abbrégé du monde. Les grands chemins et les petites routes qu'elle y a tracés s'y terminent en montant; il y en a suffisamment pour remplir ce lieu, et ils sont si bien disposés, par une supériorité bien reglée des uns sur les autres, et leur terrain est d'un si beau glacis et se distingue si bien par son arrondissement, qu'ils suffiroient tous seuls pour s'attirer une entière admiration, s'il ne falloit la partager avec d'autres objects qui sont encore plus surprenans. Ces chemins et ces routes sont meslés de sapins et de cyprès en allées, en bosquets, de formes d'édifice, en dosmes, en quarré, en pointe comme de clochers, de grottes particulières, de buttes, de promontoires, de petites colonnes, de bornes, de coquillages, culs-de-lampes et tuyaux qui pendent aux édifices le long des eslévations et à leurs extremités en différens rangs, et tout ce meslange se trouve dans un si bel ordre, que toutes ces pièces qui le composent estant placées au-dessus, au-dessous et le long de ces routes avec la proportion des esloignemens, elles y forment des perspectives naturelles qui donnent un plaisir très difficile à concevoir à ceux qui n'en ont pas eu l'expérience.

Les congélations se trouvant géminées plusieurs fois en certains endroits, comme dans le milieu et autres, y font paroistre des masses de bastiments, dont les différentes figures réciproquement jointes, et en différente quantité, les peuvent faire passer pour des villes et des bourgades. L'on distingue à leurs environs des plateformes, des murailles, des recoins, des enfoncemens, des cheuttes de ruisseaux et torrens, et cette variété de grandes et de petites productions règne, comme j'ay desjà insinué, du bas en haut transversalement, et à plusieurs estages, et, aboutissant au coin qui luy est opposé, elle s'y termine à d'autres objects, plus grands et plus diversifiez. Ils sont joints à d'autres, qui, retournant davantage sur la droite, occupent à plusieurs rangs, et en différents aspects le reste de la profondeur de ce grand enfoncement, que je puis nommer véritablement le petit Monde; protestant néantmoins que, si cette dénomination ne quadre pas absolument à la description que j'en ay faite, c'est que l'abondance y est si grande et si infinie, qu'il est impossible qu'il n'en eschappe bien des parties, ou par la confusion qu'elles jettent dans l'esprit, ou par la difficulté qu'il y a de les exprimer suffisamment. Je diray encore que je n'ay pu me lasser d'admirer pendant plusieurs jours tant de prodiges, et qu'à chaque moment j'en descouvrois qui me paroissoient nouveaux, mais que je les perdois de veüe en mesme temps, estant attiré par d'autres qui me surprenoient, me faisant oublier la promesse que je m'estois faite de descrire exactement les premiers, et quitter l'application que j'apportois à les bien retenir. C'est par cette raison que je ne puis designer qu'en général des milliers de petites arcades, de suites de veües, des grotesques, jardinages et bois en miniature, si bien disposez et pratiquez aux environs d'autres objects qui sont plus grands, qu'ils se servent mutuellement à se faire paroistre davantage. Je ne puis toutefois oublier de remarquer en particulier qu'outre les grands chemins et les petites routes que j'ay désigné, il y en a d'autres qui mènent à la trayerse, et une entre celles-là m'a paru admirable, car, après vous avoir conduit par plusieurs détours charmants et s'estre comme perdu derrière plusieurs bizarreries de congélations, vous la voyez qui se termine tout au haut, à travers des rochers bien travaillés, à une ouverture ou un portique, ou pour mieux dire à un passage, qui sert de trajet à la descouverte d'une autre partie du monde. N'ayant pas tout à fait la hardiesse de Christophe Colomb, je n'ay pas jugé à propos d'y pénétrer moymesme et je me suis contenté d'apprendre par ceux que j'y ay envoyé, qu'ils s'y estoient promenez sous de grandes voûtes, aussy merveilleuses par les broderies congelées dont elles sont couvertes que par l'abondance et diversité des différentes figures qui remplissent quasi tout son espace.

Je ne puis quitter cette description et passer à une autre sans avouer encore une fois mon impuissance à représenter toutes les impressions que j'ay reçeues de tant de points de veüe, qui, estant si beaux et si différens, sont ramassez dans un lieu qui fait partie d'un plus grand, et je ne puis faire autre chose pour ma justification que d'inviter à l'espreuve les plus fameux peintres, les plus grands orateurs et les plus renommez architectes ; ils s'ayderont réciproquement et, se soustenant par les connoissances qu'ils ont pris dans les secrets de la nature, ils fourniront des peintures, des figures et des relations, lesquelles, quoyque très nobles et très belles, ne pouvant pas encore tout expliquer, me serviront d'une excuse valable de ce qu'estant tout seul et destitué de si grands avantages qu'il en faudroit avoir, j'ay seulement fait ce que j'ay pu. Cet aveu est d'autant mieux deubt à cet enfoncement, qu'il est asseurément la pièce la plus riche et la plus surprenante de toute la grotte et qu'il semble que la nature en a voulu faire un spectacle en quelque façon distingué de tous les autres ; car, outre son cintre qu'elle a enrichi d'un millier de tuyaux, de draperies et de tant d'autres figures, qui y pendant luy servent de frise, que je ne puis nommer faute de terme, et qui separent de la grande voute, elle l'a encore separé du terrain commun par un fossé bien proportionné, qui, regnant dans toute sa largeur, au-dessous de plusieurs roches differemment placées, va gagner le derrière du tabernacle, où l'on trouve une entrée pour passer dans ce petit Monde. La veüe ne l'a pas sitost quitté, après avoir admiré le recoin où est la plus grande profondeur, qu'elle se trouve quasi sur le haut de la montagne de sable mouvant, qui, couvrant une grande partie de la roche ou muraille commune de la grotte, y laisse voir comme un enfoncement dont le soustien estant pratiqué en talus porte des congélations figurées en forest, en grottes, en cabinets, en montagnes, et autrement quoyqu'elles ressemblent assez à celles de la grande pièce auxquelles elles font face d'un costé, s'avançant fort en dehors dans le milieu, et se reduisant ensuite au niveau de leur commencement. Elles sont des plus relevées par leurs singularités, qui ne consistent pas seulement dans leur situation triangulaire, mais encore dans la disposition de tous les ouvrages, grands et petits, qui y sont meslés, et qui montent quasi jusques à la grande voute, où ils se terminent comme en pointe. De ce triangle l'on gagne en retournant un peu une roche escarpée et qui tient de la forme d'un demy cintre, toute remplie de tuyaux et draperies congelées à différens rangs de l'espace de dix-sept ou dix-huict pieds, le dernier desquels touche le mur, dont les différens embellissemens, continuant le demy oval, en font un peu exceder la figure et joignent les deux rangs d'orgue qui serviront à fixer le costé droit, comme ils ont fixé le gauche du lieu où j'ay commencé ma description.

Le cercle irregulier que j'ay parcouru, en commençant et finissant à la double terrasse, n'est pas seulement admirable par les prodiges qui l'environnent dans le tour de quarante toises et davantage, mais il l'est encore par sa grande voute, ou pour mieux dire par son ciel, sa blancheur éblouissante, sa hauteur qui peut estre de plus de cent pieds dans son plus haut, sa déclinaison par laquelle il s'abaisse, à mesure que le terrain s'approfondit, la perspective que l'on tire de son plus grand exaucement, qui, commençant au-dessus de l'entrée de la grotte, il semble que l'on distingue en quelque sorte ses mouvemens au moyen des eslevations et des retours, qui, luy estant inferieurs à différens degrez, continuent jusques aux orgues et aux balcons de l'eschelle, ces signes et ces figures si bien diversifiées, qui non seulement bordent tout son circuit, mais remplissent encore son espace et qui sont du moins aussi bien fondez que ceux qu'on s'est imaginé ailleurs. Une de ces draperies, qui, estant suspendue du point le plus esloigné dans la grosseur de plus de dix hommes et la hauteur de trois ou quatre, paroist une montagne qui s'eslève dans les nues, et mille autres idées que l'on prend très naturellement estant assis sur la terrasse, pour laquelle tant de rares objects paroissent avoir esté formez, sont autant de preuves incontestables que cette riche voute mérite bien le nom de ciel, et mesme le véritable soleil ne lui manque pas : mais soit qu'il ne soit pas digne de l'esclairer entierement ni pour longtemps, ou que la nature ne veuille luy permettre qu'une possession momentanée et partiale de tant de beaux ouvrages, en certaines saisons, la luy interdisant absolument en d'autres, affin qu'il connoisse que son ciel n'est pas la seule belle chose qui soit au monde, et qu'il ne lui prenne pas d'envie de se rendre maistre de celuy qui luy ressemble si fort, j'ay veu ce bel astre communiquer seulement sa lumière sur le commencement de cette voute argentine pas plus avant que sept ou huict toises, et environ durant une demy heure. L'on peut dire néanmoins que, faisant valoir son adresse, il gagne par des voyes indirectes et mediates ce qui lui est refusé directement, car ses rayons ne pouvant pas pénétrer au delà des tours et retours qui règnent dans l'espace que je viens de marquer, en empruntent une force redoublée du réflechissement qui fait aller leur reflet jusques à la terrasse bien au delà, et à ses costez. Ils sont suffisans, avec l'ayde de la blancheur de tous les objects qui y sont placés, pour communiquer dans ce fond un demy jour, lequel aydé en quelque sorte du reste des ténèbres qu'il n'a pu chasser entièrement, en descouvre bien mieux la beauté par un certain meslange de clair et d'obscur, dont l'effet est surprenant. C'est par cette clarté confuse que la veüe estant conduite, elle passe sous les arcades et sur les eslevations qui sont au-dessus de l'eschelle, et des orgues, où trouvant l'esclat de la plenitude de la lumière qui dispute avec celuy de la blancheur de la voute, elle distingue les retours inférieurs et supérieurs de celle-cy, les terrasses qui en sont couvertes, et les coins, recoins et enfoncemens qui luy sont collatéraux ; elle en aperçoit nettement tous les ornemens et leur bizarre arrangement et se perd avec un singulier plaisir dans ces objects tous luisans, qui sont disposez par degrez si bien proportionnez, dans un esloignement si grand, et une hauteur si considérable, qu'ils paroissent estre contigus et tenir un véritable ciel. On le voit immédiatement avec le soleil à l'entrée de la grotte, laquelle s'allongeant bien au-dessus de son frontispice par une espèce de fente un peu large, qui ne paroist pas en y entrant, il semble qu'elle s'esléve exprés pour s'approcher du firmament et de ce bel astre, affin de les mieux confondre avec sa voute intérieure et les beautés qui l'accompagnent. Celuy qui commenceroit à les voir dans cette esclatante conjoncture croiroit aisément qu'ils sont faits les uns pour les autres, et se persuadroit facilement, tant il seroit charmé, qu'ils doivent toujours demeurer dans cet estat lumineux, aussy bien que les parellies, que l'on pourroit rencontrer imprimées sur tant de matières que l'eau fait subsister en l'air en tant de figures, mais il tomberoit incontinent dans un estonnement prodigieux. Il ne seroit pas moins grand que l'opposition qui se trouve entre la grande lumière et les ténèbres les plus épaisses, puisque celle-cy succédant tout d'un coup par la retraite du soleil, qui, continuant sa route s'esloigne de l'ouverture de la grotte, le reduiroient à ne voir plus rien et à s'imaginer avec quelque fondement qu'il auroit esté enchanté; le plaisir qui auroit occupé tous ses sens n'ayant duré qu'une demy heure et se trouvant comme anéanty par une si grande contrariété. J'explique cette surprise en la manière qu'elle me seroit arrivée, si je m'estois trouvé dans les mesmes circonstances, mais il faut avouer aussy que m'estant rencontré dans d'autres, qui leur sont en partie contraires, je n'ay pas laissé d'avoir pour le moins autant de sujet de m'estonner, m'estant résolu de coucher dans ce lieu, affin d'avoir plus de temps pour l'examiner.

Je fis placer mon lit sur la seconde eslevation de la terrasse d'en bas, dont la description doit faire connoitre qu'elle pouvoit servir fort naturellement d'une très riche alcove; le petit pavillon sur la main gauche et le gros sur la droite fournissoient de retraite à plusieurs personnes de ma suite, et c'estoit entre le premier et les nappes d'eau qui, tombant de l'estrade, sembloient estre les bords de mon tapis de pied, que sur une autre, mais artificielle, plusieurs carreaux de brocart d'or et de velours furent rangez. On les plaça le long de la roche, s'enfonçant en recoin, et des deux costez, et c'estoit pour me servir de sopha à la turque. Il y avoit, par de là le gros pavillon, une salle couverte de sa voûte particulière et accompagnée de ses cabinets, dont les congellations estoient admirables, et il suffit pour la preuve de cette vérité de remarquer que, si, d'une part des roches disposées les unes sur les autres, et semées de choux-fleurs et mousserons, luy servent de tapisserie, de l'autre ce sont les ondes congelées de ce gros pavillon, et le derrière du tabernacle et de ses accompagnemens, et pour comble, que c'est entre les deux qu'est l'entrée de la pièce nommée le petit Monde. Plusieurs chevaliers de Malte, armateurs en course, estant venus de Paros, où ils avoient mouillez pour me rendre visite, furent logez dans ce bel endroit, et voulurent en augmenter la beauté considérablement, aussy bien que de plusieurs autres morceaux de la grotte, s'efforçant de m'y faire remarquer des particularitez que personne n'avoit encore observé. C'estoit des saïques turques, des gallions du Caire et autres bastimens, chargez de marchandises, aussy bien représentez dans les congélations que les vaisseaux malthois, qui les ayant attaquez s'en rendoient maitres pour la gloire de la religion; l'on n'y voyoit aussy que des turbans et des denrées appartenantes aux infidèles, l'on y remarquoit une restitution qui se faisoit aux Grecs et mesme aux Francs de ce qui pouvoit leur avoir esté pris dans la confusion. Mais, dans le mesme temps que se faisoit l'examen de ces belles représentations, plusieurs Grecs de l'isle d'Antiparos estant venu me trouver, c'estoit pour me porter des plaintes de l'enlèvement de la plus grande partie de leur bestail, qui venoit de leur estre fait par un capitaine de galiote. L'on m'apportast aussy l'avis de l'assassinat d'un papas de la ville de Parrecchia par un corsaire; le vicaire latin de Smyrne, m'escrivant pour quelques affaires particulières, me faisoit souvenir du vol qu'un de ces messieurs luy avoit fait de son calice et de ses ornemens. Un habitant de Léro, s'estant rencontré là par hasard, m'assura que ses compatriotes qui avoient abandonné le domicile de leur isle à cause de feu Temericour, qui vouloit les contraindre à luy donner deux cent quintaux de biscuit, n'y estoient pas sitost retournez après sa mort, qu'ayant fait mettre une porte neuve à leur église, elle avoit esté enlevée, par un de ces brigands. Le clergé et le peuple de Patmos m'ayant deputé un d'entre eux, c'estoit pour me représenter que la consecration de leur isle par la retraite du grand saint Jean estoit tous les jours violée par les brigandages des corsaires chrestiens, qui enlèvent tout ce qu'ils y trouvent et mesme ce qui appartient aux ministres de la grotte de ce bien-aimé disciple du Seigneur. Si toutes ces véritez ne furent pas avouées absolument par ces messieurs, qui, rejetant ces actions sur les galiotes, confessoient en mesme temps que les vaisseaux ne s'en pouvoient passer, elles furent suffisantes pour effacer toutes les représentations qu'ils s'imaginoient trouver dans les congelations ; quelques-uns s'excusèrent d'une manière sans réplique, en disant que c'estoit la première fois qu'ils estoient en course et qu'ils n'avoient encore rencontré aucun bastiment, et tous me promirent d'estre à l'avenir fort circonspects dans leur conduite et de déférer aux passeports que j'ay donné aux chrestiens de Chio pour la seureté de leur trafic d'Égypte.

J'abregeois ces matières le plus qu'il m'estoit possible pour mieux considérer et les différentes perspectives de ce lieu souterrain, et le commerce que j'avois introduit ; quatre ou cinq promontoires estoient occupés par la cuisine et l'office. Il descendoit du monde quasi sans discontinuation ; il y en avoit d'autres qui se promenoient, quelques-uns s'arrestoient en différens postes qu'ils s'estoient choisis pour mieux admirer. Les pierres rouloient des montagnes avec impétuosité, le bruit des voix et des marteaux, pour rompre des morceaux de congelations, se multiplioit par les échos et la qualité sonore des pièces que l'on rompoit l'augmentoit encore. Je prenois mes repas au son des trompettes et des violons ; un de mes peintres s'efforçoit d'abréger ce grand spectacle où la nature a pris plaisir de respandre tant de richesses et d'y joindre la diversité des principales actions de ceux qui s'y trouvoient, ou se mettoient en devoir d'y venir ; enfin tout y estoit diversifié excepté la nuit qui me paroissoit y avoir un empire esgal et continuel, l'y ayant esprouvé pendant trois aprèsdîner. L'on peut juger de cette habitude que j'avois contractée avec les ténèbres, quelle fust ma surprise, lorsque quatre ou cinq heures après m'estre levé, j'aperçus sur les onze heures et demie les effects du soleil, ses rayons et luy mesme en la manière que j'ay descrite et que je ne repeteray point. Je m'imaginay d'abord que c'estoit la lune, mais cet astre, se vengeant d'avoir esté pris pour un autre, se retira une demy heure après, que l'ayant reconnu je retournois facilement et avec plaisir à la jouissance de sa lumière, ou pour mieux dire, la terre supérieure se trouvant interposée entre luy et moy, il s'esclipsa dans le moment de sa plus grande force. Cette éclipse, qui n'a point esté prédite par aucun astrologue, m'estant très sensible, me fit resoudre à chercher les moyens de m'en consoler. C'est pourquoy la feste de Noël, qui devoit arriver deux jours après, m'en fournissant une occasion favorable, je l'embrassay avec joye, me resolvant d'introduire dans cette riche et surprenante grotte autant qu'il pourroit dependre de mon zèle, de mon respect et de mon pouvoir, le soleil de justice. Ainsy m'estant déterminé d'y solemniser à minuit la naissance de Nostre Seigneur, je ne songeay plus à l'absence de la plus lumineuse de ses créatures, qui m'avoit quitté en plein midy, et toute mon application fust de contribuer à une célébrité si importante par tout ce qui la pourroit faire éclater davantage; le nombre des prêtres consistant en mon aumonier et le Père Sauger, jésuite, fut renforcé et je fis venir de Naxis et de Paros tout ce qui s'y rencontra propre à faciliter et mesme à fortifier mes intentions. L'on disposa la croix, les chandeliers, les cierges et les tableaux sur l'autel, qui estoit si bien placé le long du costé droit de la terrasse basse, que l'on voyoit monter dans son milieu la colonne pyramidale, ou pour mieux dire le tabernacle. Ces différens rangs, aussy bien que sa pointe, les bornes et les promontoires, qui luy sont collatéraux, estoient remplis de lumière, le gros pavillon avoit les siennes, les grottes en miniature estoient éclairées en particulier, le petit Monde ayant des lampes et des lumières disposées sur toutes les inégalitez de ses pointes, dans les suites de ses bois, sur ses tours et ses rochers, paroissoit tout couvert d'étoiles qui communiquoient à cette riche pièce un jour suffisant pour en descouvrir toutes les singularitez. Il y en avoit une entre autres qui convenoit très bien à l'Épiphanie; le portique que j'ay nommé, le passage à l'autre partie du Monde, faisoit voir en esloignement un luminaire assez gros, qui, estant distingué de tous les autres par la supériorité de son assiette et de son enfoncement, et se trouvant mesme du costé de l'Orient, désignoit le voyage des roys, et comme ces princes perdirent de veüe leur étoile estant en Jérusalem et ne la retrouvèrent qu'après en estre sortis, d'où les ayant conduits jusques au lieu de l'adoration, elle s'y arresta. L'on avoit eu le soin (une des eslevations de ce prodigieux enfoncement se trouvant dans un coin séparée des autres par sa situation supérieure, par un chemin qui y aboutissoit et par ses congelations figurées davantage en forme de grotte), l'on avoit, dis je, eu le soin de la particulariser encore plus par le moyen d'un gros tuyau congelé. Il estoit attaché à la voute et l'on avoit remply de lumière son extrémité concave, où, estant couverte d'une matière transparente, elle faisoit paroistre l'étoile arrêtée sur cette Betleem artificielle et naturelle tout ensemble, et d'autant plus admirable que sa matière estant toute d'eau nous figuroit celle du baptême, comme sa couleur blanche la pureté qu'il communique. De cette manière ce qui contribuoit à la pompe solennelle de la nativité du Sauveur representoit aussy l'un de ses plus grands effects qui a esté la vocation des gentils et servoit d'un puissant motif à exciter à la prière pour la conversion des infidèles, qui sont les maîtres du pays, où ces grands miracles ont esté operez, et mesme de la grotte où nous taschions de témoigner nos reconnoissances. Le reste de son espace estant éclairé suffisamment par quantité de torches et de gros flambeaux, disposés dans tous les autres endroits, tels qu'au triangle, aux orgues, au balcon de l'eschelle, dans tous les enfoncemens, sur toutes les colonnes et bornes, et sur la descente et retour depuis l'ouverture de la grotte, l'on commença de frapper en différens endroits sur les congelations en haut et en bas, affin que ces ouvrages par leurs sons entrant en part de la louange du Createur, imitassent par leur invitation et par leur beauté tous ceux qui estoient dispersez dans ce monde souterrain à s'assembler pour solemniser la naissance d'un Dieu-homme.

Après les prières de matines, qui finirent un peu devant minuit, l'on commença les messes; la première fut celebrée et chantée avec toute la devotion et solemnité possible de la part des ministres, du cœur et des assistans, dont le clergé d'Antiparos faisant partie marquoit une union partiale de deux rites et faisoit désirer qu'il plust à Dieu de les réunir bientôst totalement. L'on accompagna le Cantique des anges aux pasteurs sur la nativité du Fils de Dieu, de plusieurs volées de boëttes, qui furent réitérées, mais bien plus abondamment, à l'eslevation de son corps vivant et glorieux, et que l'on renouvela lorsque, son sacrifice non sanglant estant achevé, l'on eut commencé l'*Exaudiat*. On les tiroit sous le portique de la grotte, et c'estoit par son entrée que leur bruit se communiquoit dans tout son espace à mesure qu'il descendoit jusques au pied de l'autel, où s'estant multiplié par une si grande cheutte, en s'adoucissant néanmoins, il s'accordoit parfaitement avec la musique des anges et avec l'adoration que l'on rendoit en silence à leur maître, qui, l'estant aussy de tout l'univers, ne laisse pas de cacher sa gloire sous de foibles accidens. Cet honneur foudroyant, que je m'efforçois de faire éclater, n'appartient legitimement qu'à Celuy qui lance le véritable tonnere, et à ceux qui estant les ministres absolus de sa puissance n'employent leur prudence, déjà consommée dans la fleur de leur âge, et leur valeur incroyable et celle des princes de leur sang, qui leur sont plus proches et plus esloignés, leurs richesses étonnantes et tirées d'une admirable œconomie, et de la bienveillance de leurs sujects, et leurs armées innombrables en soldats et en grands généraux, qui, dis je, n'employent tous ces grands talents et ces forces si extraordinaires que pour la protection du christianisme en général et la punition de l'hérésie; laissant aussy loin derrière eux les autres potentats, comme il les surpassent par une succession impériale et royale de douze siècles. L'on ne peut douter après ce juste éclaircissement que les boëttes, qui éclatoient si fort par elles-mesmes et par les échos de la grotte d'Antiparos, et qui terminoient une solennité aussi importante que celle de la naissance du Fils de Dieu, ne fussent des preludes et des accompagnemens des vœux que l'on poussoit au ciel pour la prosperité du plus grand monarque du monde, fils aisné de l'Église, et je mets en fait qu'encore que cette vérité ne fût pas déterminée par la qualité et le zèle de celuy, lequel après les ministres de l'autel authorisoit cette royale prière de sa présence et de ses suffrages, et que les noms de LUDOVICUS, de *Christianissimus* et de REX *noster*, ne l'eussent pas mis hors de doute. La certitude de sa détermination en faveur de Sa Majesté ne laisseroit pas d'estre aussy constante, estant appuyée sur les raisons que j'ay marqué, et qui sont aussy incontestables que les prodiges de LOUIS quatorze, qui leur servent de fondement.

L'on ne peut prier dans un lieu si extraordinaire par la profusion et l'arrangement des trésors naturels qui y sont repandus, que pour un prince que ses prodigieuses actions conduisent à l'empire universel. La nature mesme semble en avoir desjà présagé la conqueste par toutes les draperies qu'elle y a estendu en plusieurs endroits de sa voute, et particulièrement aux environs de l'autel, où elles me paroissoient représenter les drapeaux de tant de victoires futures, qui doivent servir de comble à celles qui sont passées, et ces inductions me paroissent d'autant plus solides, qu'il me semble que la Providence divine les autorise, n'ayant voulu cacher durant si longtemps l'intérieur de cette grotte à l'antiquité et à tant de capitaines généraux des Venitiens et autres officiers considérables de toutes les nations de l'Europe, qui ont séjourné des années entières à Paros et Antiparos quoyqu'à diverses fois, que pour l'ouvrir à la consecration qui s'en devoit faire à un Dieu naissant, en reconnaissance de toutes les grâces qu'il a repandu si abondamment et continuera de repandre, si nos vœux sont exaucez, sur la personne royale et victorieuse de Sa Majesté.

L'on continua quasi toute la nuit de célébrer des messes, et, voulant graver la mémoire de l'avantage qu'elles avoient procuré, je dressay une inscription; l'on la tailla au ciseau sur une congelation en forme de globe, qui, estant eslevé sur des roches dont la hauteur de trois pieds, finissoit presque au commencement du tabernacle, elle estoit conçue en ces termes :

HIC IPSE CHRISTUS ADFUIT
EIUS NATALI DIE MEDIA NOCTE
CELEBRATO ANNO
1673.

N'ayant pas encore pénétré jusques au fond de la grotte, et ne pouvant la quitter sans en achever le voyage, je gagnay par un chemin de rochers le sommet d'une seconde montagne, qui estoit de terre mouvante, et, avec l'ayde de la corde, qui venoit d'en haut, et de plusieurs personnes qui m'accompagnoient, j'arrivay sur d'autres rochers, d'où je descendis sur un terrain humide, dans lequel j'enfonceois facilement des bastons. C'est en cet endroit que la grande voute ayant régné en declinant, jusques aux deux terrasses, vient s'abaisser absolument jusques à la terre.

Elle est là dans une figure courbe, qui depuis le bas jusques à la hauteur de deux hommes est chargée de diverses congélations de toutes les formes que j'ay expliquées. Les broderies de choux-fleurs sont fréquentes, les coquillages et les culs-de-lampes n'y manquent pas, et tout ce que l'on y voit plus proche de soy estant en petit aboutit à des draperies et à des tuyaux d'orgues, qui, estant d'un grandeur prodigieuse vous viennent quasi pendre sur la teste. L'espace que contient cette extremité est grand et paroist comme un horizon au milieu et au bas duquel l'on peut fixer la profondeur entière de la grotte et l'on peut s'asseurer qu'elle est de soixante brasses qui font trois cents pieds. La corde avec laquelle on y arrivoit ayant cette longueur. Il semble que la nature ait eu regret de finir là ses ouvrages, car, ayant aperçu une petite ouverture, je la fis creuser pour y gagner un passage, qui servit, par la séparation qu'il faisoit de la grande voute et de la terre, à se couler quasi sur le ventre, et à faire entrer de niveau dans un autre lieu. Il n'est pas fort spacieux et l'on ne peut y tenir quasi qu'à genoux et courbé, mais son plafond, d'une blancheur esgale à tout ce que j'ay observé, y est tout couvert de productions congelées, et j'en ay fait enlever des morceaux. Le terrain qui est en deçà, et dont j'ay particularisé l'humidité, comme le seul qui en tienne, tout le reste estant fort sec, n'a pas une grande estendue, se trouvant resserré dans toute sa longueur par de très grosses roches, entre lesquelles plusieurs ont la surface toute semée de petites gouttes d'eau doublées et triplées les unes sur les autres; l'on en voit qui sont chargées de choux-fleurs et jointes avec inégalité, d'autres se séparent presque entièrement, et ce fut une de ces séparations, qui, m'ayant rendu plus attentif à la considérer, l'on aperceut au fond une ouverture, comme d'un puits dans lequel ayant fait descendre du monde, j'appris que c'estoit une voute souterraine, qui n'avoit rien de particulier, et qui estoit semblable à une autre, descouverte beaucoup plus bas et de l'autre coté.

L'on trouve à droite et à gauche, et dans toute la rondeur de l'horizon, des enfoncemens, des promontoires, des bornes et autres pièces dans des situations fort inegales; il y a aussy des routes différentes, et, quoyque par leur moyen je pusse choisir un chemin pour m'en retourner, je ne laissay pas de prendre le mesme que j'avois tenu, et, après avoir considéré, m'en escartant tant soit peu, un espèce de petit canal, dont l'eau qui me sembla assez bonne, paroissant couler, ne laissa pas d'estre bientôt épuisée, je me retrouvay sur la terrasse; j'y repris haleine et m'y reposay un peu. Mais la grande fatigue que j'avois soufferte ne commença pas sitost à se diminuer, que mon esprit voulut aussy se tourmenter, pendant que le corps se reposoit; il estoit aisé de lui donner carrière en l'interrogeant exactement et sur cette grotte, et sur les prodiges que la nature y a opérés et dans lesquels il s'efforçoit de pénétrer la cause de la profondeur de ce vaste lieu, des retours, recoins et enfoncemens qui l'estendent de tous costez et particulièrement de ceux qui paroissent le finir. La liaison et la gradation de toutes les voutes, la variété et l'abondance des figures, l'infinité et la grosseur des roches, la transparence, l'opaque, la pesanteur, la légèreté et le son de tant de pièces composées de mesme matière, leurs différentes situations d'en bas, d'en l'air et de travers dans des espaces où elles sont contiguës, et des unes sur les autres en certains endroits, la blancheur universelle de tous ces objects, la manière solide dont tiennent ceux qui pendent, puisque, nonobstant le foible soutien auquel ils sont suspendus, il faut donner plusieurs coups de marteau pour en rompre des morceaux, la bizarrerie que j'ay rencontré dans la rupture de quelques-uns, qui n'estoient pas des plus anciens, en ce que la rupture violente n'en estoit pas sitost faite vers leurs extremités que de grosses gouttes d'eau distilloient de la partie qui restoit en l'air, comme si elle eût voulu pleurer la division qui se faisoit d'elle mesme ou rattraper ce qu'on lui enlevoit par la mesme matière qui avoit produit le total, la différence qui se trouve dans une mesme pièce, qui ayant des ornemens à une certaine hauteur sera unie dans tout le reste, l'observation d'une, mais assez nouvelle, et dont la dureté quoyque considérable n'estoit que superficielle, puisqu'estant rompue à force on voyoit en dedans, et par où elle joignoit la voute, une matière liée qui estant d'un blanc plus vif que celuy de l'extérieur, paroissoit comme du fromage mol, dit communément à la pie, la remarque de la fermeté qu'elle contracta peu de temps après, de la plus grande dureté des grosses pièces, et particulièrement de celles qui sont eslevées de terre en colonnes, bornes ou autrement, aussy difficiles à tailler que le roc vif, et qui font voir en dedans la conversion de leur intérieur, en ce que le milieu dans une partie de la circonférence est transparent comme du cristal jaune, et très dur, et qu'il est bordé d'une matière blanche, qui commence à prendre la mesme qualité que luy, la raison de différence d'une eau qui tombe à terre, où elle forme son ouvrage, et d'une autre qui, sortant immédiatement de sa contiguïté, ne fait que l'excéder en dehors, et y demeure attachée pour y lier la production qui s'y fait dans la suite, l'explication de la diversité d'une mesme cause, qui, après avoir produit des roches très dures de trois pieds d'epais, de quatre ou cinq de longueur, les couvre de petites boules, les unes sur les autres, ou de choux-fleurs, la diversité de la couleur de ceux-cy, dont quelques-uns sont jaunes et tachez de noir à la différence de tout le reste qui est blanc, la distinction perceptible de l'eau tombée et de la terre qui la reçoit, en ce que celle-cy ne se confondant point avec l'autre et luy servant seulement de fondement, l'on voit ce qui est produit s'eslever dans un blanc éclatant, et relevé davantage par la noirceur de la terre voisine, ce qui a esté éprouvé en quelques morceaux en petit nombre, le plein d'un mesme tuyau dans son commencement et son vuide vers la fin, sa taille en long et en travers, la prodigieuse quantité d'eau qu'il a fallu pour fournir la matière de tant d'objects, la difficulté d'en concevoir l'abondance, puisqu'encore que le lieu soit profond, sa voute néanmoins fait partie du haut d'une montagne, et qu'ainsy n'estant pas beaucoup engagée sous terre, difficilement peut-on trouver d'où est venu cette mère source de tant de merveilles, la diversité qui a esté nécessaire dans toutes ces cheuttes, leur différente fixation, qui a chassé toute l'humidité de cette grotte, à l'exception de certains endroits où l'on voit encore quelque distillation, et qui fait qu'en hyver je n'y ay ressenty aucun froid, ny sec, ny humide, mais au contraire un air assez tempéré, enfin mille autres observations, que je ne repeteray point, ont esté autant de questions lesquelles ayant donné la gesne à mon esprit, l'ont obligé de me demander quartier, m'avouant qu'il ne croyoit pas que l'eau deubt avoir le dessus sur un estre spirituel comme luy, qu'il pensoit que, tout au plus, elle put noyer les corps, mais qu'après la sueur qu'elle luy avoit causée à la recherche de ses productions, le punissant ainsy par elle mesme, il ne vouloit pas s'attirer un plus grand effect de son courroux, jusques là qu'il n'expliqueroit point cinq ou six des difficultés proposées, dont il pourroit rendre quelques raisons, de crainte que l'envie de pénétrer dans le reste ne luy revint pour luy couster d'autres efforts inutiles. Enfin il me protesta que si l'une des plus grandes lumières du monde s'estoit perdue pour se punir soy mesme de l'impossibilité qu'elle avoit trouvé à développer le mystère d'une eau qui vient et retourne en coulant à certaines heures, il ne vouloit pas renouveler un exemple si fameux, qu'il estoit d'un genre au-dessous de ce grand philosophe pour l'imiter dans un rencontre si périlleux, consentant néanmoins, ou que l'on le ressuscitât pour se briser la teste contre des rochers, des montagnes et des bois d'eau solide, affin que l'eau fixée et coulante pût estre également la cause de sa perte, par l'effusion du sang, aussy bien que par la suffocation, ou bien que ceux de ses disciples, dévouez à ses fautes comme à ses prodiges, entreprissent le demeslement de tous ces miracles de la nature, il me déclara ensuite avec serment que, pour leur donner satisfaction, il avoit descrit le plus naturellement qu'il avoit pu tous ces admirables spectacles, s'efforçant seulement d'imprimer les idées qu'il en avoit receues, et de les rendre plus naturelles par les comparaisons qui se sont offertes à luy conjointement avec les objects lorsqu'il les admiroit, et il m'insinua que son travail devoit estre d'autant mieux receu qu'il n'estoit point l'effect d'une première impression, mais de plusieurs successivement, et à différentes reprises, ce qui luy avoit donné moyen d'appuyer ses meditations sur une assez grande exactitude.

C'est en toutes ces particularitez qu'a consisté l'entretien que j'ay eu avec mon esprit et je suis obligé d'en certifier la vérité, en protestant que l'exagération n'a point de part dans cette description, le peu d'ornemens qui s'y rencontre estant bien au-dessous de la richesse qui en a fourny la matière, soit par elle mesme soit par tout ce qui s'est passé dans un lieu si surprenant. Avec plus de temps j'aurois pu mieux faire, car j'aurois fait prendre les mesures de toutes les pièces en particulier, lesquelles n'ayant estably qu'à veüe d'œil, il n'y a que la profondeur universelle depuis l'entrée jusques au fond de la grotte qui soit au cordeau ; les noms auroient pu aussy estre mieux appliquez et donneroient une idée plus parfaite de ce que je pretendois les faire représenter, mais il auroit fallu avoir connoissance des figures de la mathematique et des noms et des proportions de la peinture, de l'architecture et de la perspective, communes à toutes les deux. Il auroit fallu encore que ma description, que j'ay commencé à Naxis[1], continuée à Stanchioi, et presque achevée à Rhodes, et finie à l'entrée du golfe de Satalie, eût esté confrontée à ces originaux, ce que je pourray peut estre bien faire à mon retour, me pouvant promettre cependant de n'avoir pas beaucoup manqué à la représentation du général, ainsy qu'on le pourra voir par un tableau. Enfin c'est là tout ce que ma faiblesse a pu dans une occasion si pénible, elle a travaillé toute seule et s'est fait paroistre suffisamment au sortir de la grotte, car estant remonté assez vite, je me trouvay tout en sueur et hors d'haleine. Et ce fut après la reprise de mes forces que je leus une inscription que le Père Sauger avoit fait tailler sous le portique, vis-à-vis le frontispice de la porte ; elle est conceüe en ces termes :

CEDANT TENEBRÆ LUMINI
FICTA NUMINA VERO DEO
HOC ANTRUM
NOCTURNO EREPTUM IOVI
NASCENTI CHRISTO
PRESENS IPSE
DEDICAVIT
CAR. FR. OLIER MARQ. DE NOINTEL

1. Nointel, continuant son voyage vers Jérusalem, avait quité Naxos le 2 jan-

Un de mes gens en avoit fait graver un' autre que voicy :

HOC ANTRUM EX NATURÆ MIRACULIS
RARISSIMUM RECESSIBUS EIUSDEM PROFUNDIORIBUS
ET ABDITIORIBUS PENETRATIS CONSIDERABAT
ET CONSIDERARI SATIS NON POSSE
EXISTIMABAT
CAR. FR. OLIER DE NOINTEL
IMP. GALLIARUM LEGATUS DIE
NAT. CHRIS. QUO CONSECRATUM
FUIT ANNO 1673.

Je prens la liberté de vous envoyer les desseins de l'entrée et du dedans de la grotte d'Antiparis[1].

---

vier 1674 ; il était à Patmos le 9, le 17 il abordait dans l'île de Cos (Stanchio), le 20 à Rhodes, où il restait jusqu'au 6 février. A cette date il faisait voile pour Chypre ; mais le 8 février il était obligé de relâcher dans le golfe de Satalie, et arrivait enfin à Chypre le 15 février (cf. Ant. Des Barres. *L'Estat présent de l'Archipel*, Paris, 1678, in-12, 1ʳᵉ partie, p. 157-199).

1. Ce sont les deux dessins reproduits plus haut.

ENTRÉE DE LA GROTTE D'ANTIPAROS
Bibl. nat., ms. nouv. acq. franç. 5391, fol. 25.

LA BIBLIOTHÈQUE VICTOR-EMMANUEL.

Nous nous empressons de reproduire la note suivante, insérée dans le recueil intitulé *Monthly Notes of the Library Association of the United Kingdom* (n° du 15 août 1882) :

Nous sommes heureux d'apprendre que MM. Castellani et Podesta ont été honorablement acquittés par les tribunaux italiens de l'accusation qui avait longtemps pesé sur eux de négligence dans l'accomplissement de leurs devoirs à la bibliothèque Victor-Emmanuel de Rome. Les termes du verdict ne permettent plus d'accorder crédit au comité d'enquête d'il y a deux ans. Les charges si graves et si nombreuses qui avaient été relevées contre plusieurs fonctionnaires supérieurs ne reposaient sur aucun fondement.

LES SEPT MERVEILLES DU MONDE AU MOYEN AGE.

Les deux textes suivants, relatifs aux sept merveilles du monde, n'ont d'autre mérite que d'ajouter quelques données nouvelles à un précédent article de la *Bibliothèque de l'École des chartes* (t. XLIII, 1882, p. 40-59). Tous deux ont été copiés à la fin du xvi⁰ ou au commencement du xviie siècle, l'un en tête du manuscrit grec 2620, l'autre au fol. 79 du manuscrit 64 du supplément grec de la Bibliothèque nationale.

H. Omont.

ΤΑ ΕΠΤΑ ΘΕΑΜΑΤΑ [1].

1. Ὁ τάφος τοῦ Μαυσώλου.
2. Αἱ πυραμίδες [2] τοῦ Ἰωσὴφ αἱ ἐν Αἰγύπτῳ.
3. Ὁ ἐν Κυζίκῳ ναός [3].
4. Ὁ ἐν Ῥόδῳ ἀνδρίας ὁ λεγόμενος Κολοσσός.
5. Τὰ Σεμιράμιδος τείχη [4] ἐπὶ τὰ Βαβυλωνία, ἃ ἡ Σεμίραμις ἡ βασίλισσα χαλκῷ ἐνέδυσε πανταχοῦ.
6. Καὶ τὸ ἐν Ῥώμῃ Καπιτωλίον [5], ἤτοι τὸ δικαστήριον ἐν ᾧ κρίνουσιν.
7. Καὶ αἱ ἑκατοντάπυλοι [6] Θῆβαι, οὐχ αἱ ἑπτάπυλοι [7], ἐξ ὧν ἑκατονταπύλων ἅγιος Παῦλος ὁ Θηβαῖος. Ἀλλὰ καὶ ἐμοὶ δοκεῖ εἰσὶν αἱ ἐν Ἱεροσολύμοις.

Φασί τινες εἶναι ἐκ [8] τῶν ἑπτὰ θεαμάτων καὶ ὁ λαβύρινθος, ὃν [9] ἐποίησεν Σολομῶν ἐν Κρήτῃ · ὁμοίως ἕτερον, καὶ τὰς Ἡρακλέους [10] στήλας.

---

1. *Ms.* Τὰ ἑπτὰ θεάματα εἰσὶ ταῦθα. — 2. *Ms.* τῶν πειραμίδων, *corr.* αἱ πειραμίδαι. — 3. Suppl. Ἀδριανοῦ. — 4. *Ms.* τείχει. — 5. *Ms.* Καπετωλίον. — 6. *Ms.* ἑκατοντάπυλαι. — 7. *Ms.* αἰπτάπυλαι. — 8. *Ms.* ἐν. — 9. *Ms.* ἡ λαβύρινθος, ἦν. — 10. *Ms.* Ἡρακλείας, *corr.* Ἡρακλέους.

ΤΑ ΕΠΤΑ ΘΕΑΜΑΤΑ.

1. Ἀρτέμιδος[1] ἐν Ἐφέσῳ ναός.
2. Μαυσώλου[2] τάφος ἐν Καρίᾳ.
3. Κολοσσὸς[3] Ἡλίου εἴδωλον ἐν τῇ Ῥόδῳ[4].
4. Καπιτωλίον[5] ἐν τῇ Ῥώμῃ.
5. Πυραμίδες[6] τοῦ Ἰωσὴφ ἐν Αἰγύπτῳ.
6. Ἑκατοντάπυλοι Θῆβαι, καὶ αὐταὶ ἐν Αἰγύπτῳ.
7. Καὶ τὰ τείχη τὰ Βαβυλώνια, ἃ Σεμίραμις ἔκτισε[7].

1. Ms. Ἀρχέμιδος. — 2. Μαυσόλου. — 3. Κολοσὸς. — 4. εἴδολον ἐν τῇ Ῥώδω. — 5. Καπιτόλιον. — 6. Πηραμίδες. — 7. Σεμείραμις ἔκτησε.

DU CANGE

ET LA COLLECTION BYZANTINE DU LOUVRE

La publication de la collection des historiens byzantins, connue sous le nom de *Byzantine du Louvre*, commencée en 1648 à l'instigation du P. Philippe Labbe, était interrompue depuis plusieurs années, lorsque Du Cange, qui allait faire paraître son *Historia Byzantina* (1680), rédigea en 1679 (1) un mémoire pour remontrer à Colbert l'utilité qu'il y aurait à reprendre l'impression de cette grande collection. Ce mémoire fut mis sous les yeux de Colbert par l'abbé Gallois. Nous reproduisons la lettre par laquelle celui-ci annonçait à Du Cange que son projet avait été favorablement accueilli par le ministre et lui demandait de dresser un plan détaillé pour la suite de la collection, dans laquelle Du Cange devait bientôt donner des éditions des *Annales* de Zonaras (1686-1687, 2 vol.), et du *Chronicon Paschale* (1688).

H. Omont.

A Seaux, le 11 octobre 1679.

Monsieur,

J'ay esté long temps à vous faire response, mais ç'a esté parce que j'ay voulu entretenir amplement Monseigneur Colbert de

---

(1) Du Cange avait présenté, quelques années auparavant, en 1676, au ministre Louvois un projet pour une collection générale des historiens de France, qui a été résumé et publié, avec des remarques de l'abbé Gallois, à la fin du tome III, p. xviii-xxiii de la *Bibliothèque historique de la France*, du P. Lelong, éd. Fevret de Fontette (Paris, 1771, in-fol.).

vostre ouvrage, et qu'il est assez difficile de trouver tout le loisir que je voulois avoir de luy en parler. J'ay enfin eu une grande audiance sur ce sujet, un peu avant nostre départ de Fontainebleau, et j'ay achevé de luy lire vostre épistre, dont il a entendu la lecture avec plaisir et qu'il a agréée. Il vous prie seulement Monsieur, d'en vouloir retrancher à la fin ce que vous trouverez barré avec du crayon. J'ay fait tout ce que j'ay pû pour luy faire voir qu'il n'y a rien dans cette fin qui puisse estre mal interprété, mais il a persisté dans son premier sentiment sans en rendre raison.

Au reste, Monsieur, comme j'ay vû que dans cette épistre vous tesmoignez avoir beaucoup d'envie que le Roy fasse continuer l'*Histoire byzantine*, j'ay entretenu Mgr Colbert de l'utilité de ce dessein et en mesme temps je luy ay dit que c'est vous qui avez déjà travaillé à ce grand ouvrage et qu'il est très important que vous soiez emploié à le continuer. Il a très bien receu tout ce que je lui en ay dit, et, si vous voulez, Monsieur, entreprendre la continuation de cet ouvrage, j'espère que je le porteray à vous donner ordre d'y travailler. Pour cela il seroit nécessaire que vous prissiez la peine de m'envoier un projet de ce que vous voulez faire et un catalogue succinct des principaux auteurs de cette histoire, dont les ouvrages n'ont pas encore été imprimés et qui sont à la Bibliothèque du Roy

J'ay esté fort aise de trouver cette occasion de vous faire connoistre que j'ay toute l'estime que je dois avoir pour vostre mérite et que l'on ne peut pas estre plus véritablement que je suis, Monsieur, vostre très humble et très obéissant serviteur.

GALLOYS (1).

(1) Bibl. nat., manuscrit français 9503, fol. 147-148.

— Par arrêté préfectoral en date du 4 mars, notre confrère M. Auguste Petit a été nommé archiviste du Lot.

— Par arrêté en date du 30 janvier, notre confrère M. Antoine Héron de Villefosse est nommé président de la section d'archéologie du Comité des travaux historiques.

— Par arrêté du 28 mars 1899, ont été nommés :
1º Sous-bibliothécaires au Département des imprimés de la Bibliothèque nationale, nos confrères MM. Nerlinger et Le Brethon ;
2º Stagiaires au même Département, nos confrères MM. Travers et Vidier ;
3º Sous-bibliothécaire au Département des médailles, notre confrère M. Dieudonné ;
4º Sous-bibliothécaire au Département des estampes, notre confrère M. Riat.

— Notre confrère M. Alfred Martineau a été nommé gouverneur de Djibouti.

— Par arrêté en date du 16 février, notre confrère M. Charles Mortet a été nommé officier de l'Instruction publique.

— Par arrêté en date aussi du 16 février, ont été nommés officiers d'Académie nos confrères MM. Albert Isnard, Julien-Henri Lhermitte, Pierre Maruéjouls, Joseph Souchon et Paul Tierny.

— Par arrêté du 7 avril 1899, ceux de nos confrères dont les noms suivent ont été nommés :
1º Officiers de l'Instruction publique :
    MM. Hugues, archiviste de Seine-et-Marne ;
    Laurent, archiviste des Ardennes ;
    Parfouru, archiviste d'Ille-et-Vilaine.
2º Officiers d'Académie :
    MM. Portal, archiviste du Tarn ;
    Joseph Tardif, lauréat de l'Institut.

— Dans la séance qui a terminé le Congrès des Sociétés savantes à Toulouse, M. le ministre de l'Instruction publique a annoncé qu'il se proposait de présenter à la signature du Président de la République un décret nommant chevalier de la Légion d'honneur notre confrère M. Jules Gauthier, archiviste du Doubs.

VERS DE GODESCALC.

La petite pièce de vers imprimée aux p. 667-668 du précédent volume, dans la description du manuscrit 477 (461) de la bibliothèque d'Angers, figure parmi les *Godescalci carmina*, au t. III, p. 731-732, des *Poetae latini aevi Carolini*, publiés récemment par M. le Dr L. Traube dans les *Monumenta Germaniae historica*. Voici, en italiques, les quelques variantes offertes par l'édition avec ce nouveau texte :

Strophe I, vers 1 : *Ut* quid jubes. — III, 4 : *Condolere*. — IV, 1-7 : Scis, *divine tyruncule*, Scis, *superne clientule*, Hic *diu me* Exulare, *Multa die, sive nocte* Tolerare. — VI, 1-2 : Non potuerunt *utique*, Nec debuerunt *itaque*. — VII, 1-2 : Sed *quia* vis *omnimode, Consodalis egregie;* 5-8 : Simul *atque* Procedente *Ex* utroque. *Hoc cano ultronee*. — Suivent trois dernières strophes, VIII-X, qui manquent dans le manuscrit d'Angers, ainsi que la fin de la strophe VII.

H. O.

BIBLIOGRAPHIE

DE LA DIRECTION DU SECRÉTARIAT ET DE LA COMPTABILITÉ AU MINISTÈRE DE L'INSTRUCTION PUBLIQUE.

A la suite des décrets des 23 février et 26 novembre 1897 qui ont disloqué la Direction du secrétariat et de la comptabilité au ministère de l'Instruction publique, « il a semblé utile de dresser une liste des publications afférentes à quelques-uns d'entre eux pendant la période où ils étaient réunis. » C'est à cette pensée qu'on doit la préparation d'un volume qui vient de paraître [1] et qui contient la liste des publications faites par les soins ou sous les auspices des services suivants : I. Comité des travaux historiques et scientifiques : *a*, sections d'histoire, de philologie et d'archéologie ; *b*, section des sciences économiques et sociales ; *c*, section des sciences ; *d*, section de géographie historique et descriptive. — II. Service des missions scientifiques et littéraires. — III. Service des bibliothèques : *a*, Bibliothèque nationale ; *b*, bibliothèques de Paris ; *c*, bibliothèques des départements, avec un index alphabétique des villes représentées dans le catalogue général. — IV. Service des archives : *a*, nationales ; *b*, départementales, communales et hospitalières. En tête des deux premières sections, on a mis une courte notice historique. Ce volume, où l'on a eu soin de relever non seulement les publications achevées, mais même celles qui sont sous presse, se termine par une table alphabétique des principales matières.

1. *Ministère de l'Instruction publique et des beaux-arts. Direction du secrétariat et de la comptabilité. Comité des travaux historiques et scientifiques, missions, bibliothèques, archives : bibliographie de leurs publications au 31 décembre 1897.* Paris, Impr. nationale, 1898. In-8°, VIII-131 p.

LE

PRÆCEPTUM DAGOBERTI

DE FUGITIVIS

EN FAVEUR DE L'ABBAYE DE SAINT-DENIS.

La liste des diplômes de Dagobert Ier, copiés en tête des plus anciens cartulaires de l'abbaye de Saint-Denis, s'ouvre par le *Præceptum Dagoberti regis de fugitivis*, qui est rangé depuis longtemps, et à juste titre, dans la catégorie des diplômes faux[1]. Doublet, qui a le premier imprimé cet acte dans son *Histoire de l'abbaye de Saint-Denis*[2], assure l'avoir transcrit d'après un exemplaire sur papyrus[3]; mais les derniers éditeurs, Bréquigny, Pardessus, K. Pertz, n'en ont connu que des copies, relativement modernes et qui ont été conservées dans les cartulaires de l'abbaye de Saint-Denis[4].

Il existe cependant de ce diplôme deux textes au moins beaucoup plus anciens : l'un datant du XIe siècle[5] et l'autre pouvant remonter à la première moitié du Xe siècle. Cette seconde copie, restée inconnue aux derniers éditeurs, nous a été conservée par un moine de Saint-Denis, qui l'a transcrite sur le premier feuillet de garde d'un ancien exemplaire du traité *de Re militari* de Végèce et des *Collectanea rerum memorabilium* de Solin[6], et,

---

1. *Monumenta Germaniæ historica; Diplomatum imperii* tomus I, ed. K. Pertz (Hannoveræ, 1872, in-fol.), *Diplomata spuria*, n° 26, p. 142-143.
2. Paris, 1625, in-4°, p. 656-658.
3. « Cette charte est escrite sur escorce d'arbre. » (Doublet, p. 657.)
4. Bibl. nat., ms. latin 5415; Arch. nat. LL. 1156 et 1157.
5. Bibl. nat., ms. nouv. acq. lat. 326; cf. L. Delisle, *Manuscrits latins et français...* 1875-1891, p. 588-590.
6. Bibl. nat., ms. latin 7230. Cf. *Flavi Vegeti Renati Epitoma rei militaris*,

si son texte même ne présente que de légères variantes avec les autres copies de date postérieure, il n'en est pas de même des souscriptions et des formules finales qui l'accompagnent.

L'examen de ces souscriptions va permettre de constater qu'il a dû exister, comme le dit Doublet, un exemplaire ancien de ce diplôme, copié peut-être sur papyrus, et aussi d'établir que les signatures des personnages, dont les noms figurent au bas de ce diplôme faux de Dagobert Ier, ont été empruntées à un diplôme authentique, mais de date postérieure et émanant de Clovis II.

Laissant provisoirement de côté le texte de ce diplôme, qui n'offre dans les différentes copies, y compris la dernière qui vient d'être signalée, que de légères variantes, il importe tout d'abord de reproduire en regard l'un de l'autre les deux textes que l'on possède de ces souscriptions : celui qui a été conservé dans la copie du ms. latin 7230 (I) et celui qui, à quelques variantes près, est fourni par les différents cartulaires (II) :

I.	II.
DAGOBERTUS rex subs[cripsit]. Landericus obtulit. In Christi nomine Silvinus episcopus consentiens *subscripsit* [1]. Dado, episcopus Rotonus, *subscripsit*. Brado episcopus subs[cripsit]. Laudomerus episcopus *subscripsit*. Acterius peccator cons[entiens] *subscripsit*. In Christi nomine Eligius episcopus *subscripsit*. Flaunemundus peccator	Landericus obtulit. DAGOBERTUS rex subscripsit. Laudomerus episcopus consentiens subscripsit [1]. Crodobertus episcopus consentiens subscripsit [2]. Acterius peccator episcopus [3] consentiens [4] subscripsit. In Christi nomine Eligius episcopus subscripsit. In Christi nomine Landericus ac si peccator episcopus subscripsit [5]. Raunemun-

---

ed. C. Lang (1868), p. xix-xx; ed. altera (1885), p. xxiii-xxiv; *C. Julii Solini Collectanea rerum memorabilium*, iterum recensuit Th. Mommsen (1895), p. xlv-xlvii; et L. Delisle, *Littérature latine et histoire du moyen âge* (Paris, 1890, in-8°), p. 7, note 4.

1. On remplace par la lecture *subscripsit* la note tironienne reproduite dans la copie du ms. latin 7230.

VARIANTES : *A* = B. N. lat. n. a. 326. — *B* = B. N. lat. 5415. — *C* = Arch. nat., LL. 1156. — *D* = Arch. nat., LL. 1157. — *E* = Éd. Doublet et K. Pertz.

1. Consensit subscripsit *BCD*; *E* add. et. — 2. Consensit subscripsit *BCD*; *E* add. et. — 3. Episcopus peccator *BCD*. — 4. Consentiens om. *BCDE*. — 5. In Chr. n. Landericus, etc. In Chr. n. Eligius, etc. *BCD*.

episcopus *subscripsit*. Paladius peccator episcopus *subscripsit*. AEGYNAYUI. Maurinus episcopus *subscripsit*. Crodobertus episcopus *subscripsit*. In Christi nomine Landericus ac si peccator episcopus *subscripsit*. Clarus in Dei nomine subscripsit. Vir inluster Ermenarus *subscripsit*. Haltbertus cons[entiens] *subscripsit*. Rado peccator *subscripsit*.

Data sub die vi[1] kal. jun. anno II[2]. regni nostri, Clipiaco, in Dei nomine feliciter. Amen.

dus peccator[6] episcopus subscripsit. In Christi nomine Silvinus[7] episcopus consensit[8]. Dado, episcopus Rotomag[ensis][9], consensit[10]. Lorado episcopus cons[ensit]. Maurinus episcopus cons[ensit]. Paladius episcopus peccator cons[ensit][11]. AEGINAIUI[12]. Clarus in Dei nomine subscripsit. Vir illuster Ermenrius[13] subscripsit. Hubtbertus[14] consentiens subscripsit. Rado[15] peccator consensit.

Data sub die[16]. vii. kal[endas] junias anno .v. regni nostri[17], Clypiaco[18], in Dei nomine feliciter. Amen.

On est frappé tout d'abord par l'ordre si différent des signatures dans l'une et l'autre de ces copies, bien que les personnages dont elles ont conservé les noms soient les mêmes :

1 (7). Silvinus.
2 (8). Dado;
3 (9). Brado, *ou* Lorado;
4 (1). Laudomerus;
5 (3). Acterius;
6 (4). Eligius, *ou* 6 (5);
7 (6). Flaunemundus, *ou* Raunemundus;
8 (11). Paladius, *ou* Palladius;
9 (12). AEGYNAYUI;

10 (10). Maurinus;
11 (2). Crodobertus;
12 (5). Landericus, *ou* 12 (4);
13 (13). Clarus;
14 (14). Ermenarus, *ou* Ermenricus;
15 (15). Haltbertus, *ou* Hubtbertus, *ou* Hubertus;
16 (16). Rado, *ou* Dado.

1. Il faut lire CI = VII.
2. Le ms. latin 7230 porte *anno II*, tandis que toutes les autres copies donnent *anno V*.

6. Peccator *om*. BCDE. — 7. Sylvinus E. — 8. Ss. BCD; subsc[ripsit] (Doublet), consensit (Pertz) E. — 9. Rothomagensis ecclesie, consensit subscripsit BCDE (Rotomagensis C; c. et s. E). — 11. Palladius peccator episcopus subscripsit BCDE. — 12. AEGYNAYUI B; AEGYNAY : VI : C; AEGYNAY.U.I. D; Aegynavi E. — 13. Ermenricus BCDE; Ermenricus vir illuster s. E. — 14. Hubertus BCDE. — 15. Dado BCD. — 16. D.. B. — 17. Nostri *om*. BCD. — 18. Clipiaco BCDE.

Il semble cependant facile d'expliquer cette différence dans l'ordre des signatures si l'on suppose que les deux premiers copistes ont eu sous les yeux un même acte, transcrit en la forme ordinaire des diplômes mérovingiens. La signature du chancelier devait suivre immédiatement la fin de l'acte, aussi le second copiste l'a-t-il transcrite en premier lieu ; la signature du roi était placée au milieu du diplôme, un peu au-dessous de celle du chancelier, et les signatures des grands personnages disposées à droite et à gauche de celle du roi. Le premier copiste a transcrit d'abord le nom du roi, puis celui du chancelier et les noms des autres signataires, en commençant à droite, immédiatement après le nom du roi, et suivant les lignes toujours de gauche à droite. Le second copiste, au contraire, après avoir transcrit le nom du chancelier, puis celui du roi, a commencé à copier les noms des signataires du diplôme en se reportant aussitôt à gauche, au début de la seconde ligne, puis en remontant à la première ligne, à la droite du nom du roi. En sorte qu'on est amené à conjecturer à peu près l'ordre suivant des signatures sur le texte ancien qui a été transcrit par les deux copistes :

Diplôme de Dagobert Ier.

			1 (7)	2 (8)	3 (9)
Landericus obtulit.			Silvinus.	Dado.	Brado.
	DAGOBERTUS.				
4 (1)	5 (3)	6 (4)		7 (6)	8 (11)
Laudomerus.	Acterius.	Eligius.		Flaunemundus.	Paladius.
	11 (2)	12 (5)			10 (10)
	Crodobertus.	Landericus.			Maurinus.
	9 (12)	13 (13)	14 (14)	15 (15)	16 (16)
	Aegynayvi.	Clarus.	Ermenarus.	Haltbertus.	Rado.

L'examen de la position respective de ces divers noms, telle qu'on vient de la supposer, n'est pas sans intérêt pour retrouver le modèle qui a pu servir au scribe qui a fabriqué ce diplôme. Il est en effet un acte bien connu de Clovis II en faveur de l'abbaye de Saint-Denis, daté du 22 juin 654 et dont le texte a été publié d'une façon, on peut le dire, définitive par Julien Havet[1]. De

---

1. *Questions mérovingiennes*, V. *Les Origines de Saint-Denis*, dans la *Bibliothèque de l'École des chartes* (1890), t. LI, p. 52-57 ; réimprimé dans les *Œuvres de Julien Havet* (1896), t. I, p. 236-241.

nombreuses signatures de grands personnages authentiquent ce diplôme, et les noms de plusieurs d'entre eux se retrouvent dans le *Præceptum de fugitivis*, occupant dans l'une et l'autre pièce une position sensiblement identique, ainsi qu'on en peut juger par les quelques noms ci-dessous reproduits :

Diplôme de Clovis II.

Beroaldus obtulit.
CHLODOVIUS.

Audomarus. Aetherius. Eligius. Aunemundus.
          Landericus. Palladius. Clarus.
Aegyna. Chradoberctus. Ermenrico. Arnebercthus. Rado.

Il reste une dernière remarque à faire sur la forme et l'orthographe, différentes quelquefois au point de le rendre méconnaissable, comme on l'a pu noter au passage, du nom d'un même signataire dans l'une et l'autre de ces anciennes copies :

Aegynayvi = Aegyna.
Flaunemundus, Raunemundus = Aunemundus.
Laudomerus = Audomarus.

Il ne faut voir dans ces formes si différentes que le résultat de la difficulté que la lecture de l'écriture mérovingienne a présentée de tout temps, aussi bien déjà aux copistes du xe et du xie siècle qu'aux éditeurs des xviie, xviiie et xixe siècles, ces derniers peut-être aussi influencés par les cartulaires. C'est ainsi que, par suite de mauvaises lectures, plusieurs noms de personnages imaginaires, dont Julien Havet, dans ses magistrales études, a fait depuis bonne justice, ont pu se glisser dans l'onomastique mérovingienne.

On peut se rendre compte aisément, à l'aide du fac-similé ci-dessous, comment la signature : *Aegyna subscripsi*, tracée en capitales par une main mal habile, a pu être lue successivement

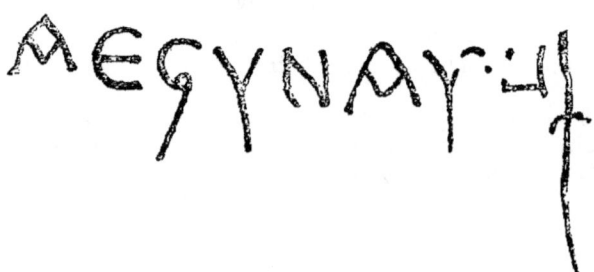

par tous les cartulaires et tous les éditeurs qui ont précédé J. Havet : *Aegynayvi*, puis *Aegynarus*. Quant aux formes : *Flaunemundus* ou *Raunemundus* pour *Aunemundus*, *Laudomerus* pour *Audomarus*, etc., le fac-similé ci-dessous peut

permettre aussi de constater facilement qu'elles sont dues uniquement à de mauvaises lectures qui ont fait souder au mot qui le suivait et transcrire tantôt *Fl* ou *R*, tantôt *L* le chrisme plus ou moins compliqué qui précède la signature de ces personnages dans le diplôme de Clovis II.

H. OMONT.

APPENDICE [1].

Preceptum Dagoberti
DE FUGITIVIS AD ECCLESIAM SANCTI DIONISII [1].

Dagobertus, rex Francorum, vir inluster [2], omnibus episcopis, abbatibus, comitibus [3], centenariis, vicariis et ceteris [4] agentibus

---

1. Texte du ms. latin 7230 de la Bibliothèque nationale, avec les variantes des autres manuscrits et des éditions. *A* = B. N. lat. n. a. 326. — *B* = B. N. lat. 5415. — *C* = Arch. nat., LL. 1156. — *D* = Arch. nat., LL. 1157. — *E* = Éd. Doublet et K. Pertz.

1. *De villa beati Dyonisii et appendiciis, preceptum Dagoberti regis de fugitivis BD ;* — *Preceptum Dagoberti regis de fugitivis C.* — Pas de titre dans *A*. — 2. illuster *ABCDE*. — 3. abbatebus, comitebus *E*. — 4. Cęteris *A*.

nostris. Quicquid de utilitate sanctę Dei ecclesię[5] et honestate in presenti ordinamus[6] et ad effectum perducimus[7], hoc nobis valde necessarium esse contra visibiles et invisibiles hostes confidimus[8]. Ideoque nos in Dei nomine, palatio nostro Clipiaco[9] in sinodo[10] generali residentes[11], pertractavimus una cum venerabilibus[12] episcopis, abbatibus, comitibus[13] et ceteris[14] fidelibus nostris, qualiter honor et laus ecclesię[15] beatorum martirum[16], videlicet peculiaris patroni nostri domni Dionysii[17], haberetur et observaretur; id est, ut quisquis fugitivorum[18] pro qualibet[19] scelere ad prefatam bahisilicam[20] beatorum martyrum[21] fugiens Tricinam[22] pontem advenerit, vel ex parte Parisius veniens Montem Martyrum[23] preterierit, sive de palatio nostro egrediens publicam viam quę[24] pergit ad Luperam transierit, sicut nos Deus quidem[25] liberavit[26] per ipsos sanctos martyres[27] de manibus inimicorum nostrorum et furore domni[28] genitoris nostri, ita omnes quicumque ibi[29] confugerint, liberentur[30] et salventur. Si autem Deus omnipotens per intercessionem sanctorum brutum animal, videlicet servum[31], manifeste inibi in ipso sacro loco liberavit[32], multo magis dignum est ut[33] homines rationabiles[34] quocumque delicto facinoris sive contra nos vel succedentes reges Francorum vel contra quemlibet alium fidelem sanctę Dei ecclesię[35] aliquod crimen commiserunt[36], relaxentur[37] et liberentur[38]. Contestamur namque et obsecramus[39] omnes successores nostros, reges sive principes, per sanctam et individuam Trinitatem et per adventum justi judicis, ut honor et reverentia sanctę matris ecclesię[40] ubi domnus[41] et patronus noster sanctissimus Dionysius[42] requiescit, in omnibus conservetur, sicut Romę[43] ecclesia[44] beatorum apostolo-

5. Sancte D. ecclesie *BCD*. — aecclesie *A*. — 6. Praesente ordenamus *E*. — 7. Perducemus *E*. — 8. Confidemus *E*. — 9. Clypiaco *ABCDE*. — 10. Synodo *ABCDE*. — 11. Resedentes *E*. — 12. Veneravilibus *E*. — 13. Abbatebus, comitebus *E*. — 14. Cęteris *A*. — 15. Aecclesię *A*. — 16. Martyrum *ACD*; — marterum *E*. — 17. Dyonisii *ACD*; — D., sociorum ejus Rustici et Eleutherii *add*. *E*. — 18. Fugitevorum *E*. — 19. Quolibet *ABCDE*. — 20. Basilicam *ABCDE*. — 21. Martyrum *CD*; — marterum *E*. — 22. Tricenam *ABCDE*. — 23. Martyrum *CD*; — marterum *E*. — 24. Que *BCD*. — 25. Nos quidem Deus *BCD*; *E om.* quidem. — 26. Liveravit *E*. — 27. Martyres *CD*; — marteres *E*. — 28. Domini *E*. — 29. Ivi *E*. — 30. Liverentur *E*. — 31. Cervum *ABCDE*. — 32. Liveravit *E*. — 33. *E om.* ut. — 34. Rationaviles *E*. — 35. Sancte D. ecclesie *BCD*. — aecclesię *A*. — 36. Commiserint *ABCDE*. — 37. Relaxantur *B*. — 38. Liverentur *E*. — 39. Obtestamus *E*. — 40. Sancte m. ecclesie *BCD*; — sanctae m. aecclesię *A*. — 41. Dominus *B*. — 42. Dyonisius *AB*; — Dionisius *C*. — 43. Rome *BCD*. — 44. Aecclesia *A*.

rum Petri et Pauli per privilegium [45] Constantini imperatoris obtinere dinoscitur [46]. Si quis vero haec [47] non observaverit, et hic et in futuro seculo [48] anathema sit. Ut autem hec [49] nostra auctoritas [50] pleniorem et firmiorem in Dei nomine obtineat [51] vigorem, manu propria nos et sancta sinodus [52] nostra subter eam decrevimus roborari [53].

(*Suivent les souscriptions reproduites plus haut* [1].)

45. Privileginum *C*. — 46. Obtenere dignoscitur. — 47. Hęc *A*; — hec *BCD*. — 48. *ABCDE* om. seculo. — 49. Hęc *A*. — 50. Authoritas *E*. — 51. Pleniorem obtineat *B*; — pleniorem et firmiorem o. *C*; — in Dei nomene obteneat *E*. — 52. Synodus *ACDE*. — 53. Subter decrevimus r. *BCDE*; — rovorari *E*.

1. Immédiatement après la copie de ce diplôme de Dagobert Ier, le copiste a transcrit plus bas, sur la même page du ms. latin 7230, le fragment suivant de la bulle du pape Nicolas Ier en faveur de l'abbaye de Saint-Denis (Potthast, *Regesta*, n° 2718) :

Finis privilegii Nicholai apostolici de rebus et stipendiis fratrum.

Haec igitur omnia quę precepti decretique nostri pagina continet tam vobis quam cunctis qui in eo quo estis ordine locoque successerint, vel eis quorum interesse potuerint, in perpetuum conservanda decernimus, salva in omnibus quę hujus decreti pagina continentur auctoritate et honore sanctę romanę ecclesię et sedis apostolice privilegio. Si quis autem temerario ausu magna parvave persona contra hoc nostrum apostolicum decretum agere presumpserit, sciat se anathematis vinculo esse innodatum, et a regno Dei alienum, et cum omnibus impiis aeterni incendii supplicio condempnatum ; at vero qui observator extiterit precepti hujus, gratiam atque misericordiam vitamque aeternam a misericordissimo Domino Deo nostro consequi mereatur. — (*En marge, en capitales rustiques :*) Finis privilegii Nicholai apostolici de rebus et stipendiis fratrum.

www.ingramcontent.com/pod-product-compliance
Lightning Source LLC
LaVergne TN
LVHW021707080426
835510LV00011B/1631